ABUNDANCIA FEMENINA

MARÍA FORNET

ABUN-DANCIA FEME-NINA

Psicología práctica
para *manifestar* éxito

Urano

Argentina – Chile – Colombia – España
Estados Unidos – México – Perú – Uruguay

ISBN: 978-84-18714-33-7
E-ISBN: 978-84-18480-80-5
Depósito legal: M-33.376-2023

Fotocomposición: Ediciones Urano, S.A.U.

Impreso por: Rotativas de Estella – Polígono Industrial San Miguel Parcelas E7-E8
31132 Villatuerta (Navarra)

Impreso en España – *Printed in Spain*

www.mariafornet.com

Linda, la fundadora de la organización
en la que dirigí un proyecto de psicoeducación
durante varios años en Londres,
me dijo al verme embarazada:
«María, traer un hijo varón al mundo
es una gran responsabilidad».

Para ti va este libro, Santiago.

«La vida no es fácil para ninguna de nosotras,
pero ¿y qué? Hay que tener perseverancia y, sobre todo,
confianza en nosotras mismas. Debemos creer que estamos
capacitadas para algo y que podemos lograrlo».

MARIE CURIE

Índice

CÓMO IMAGINAR
UNA GRAN VIDA

CÓMO CREAR UNA GRAN VIDA

Introducción

Déjame decirte algo.

Si piensas en algo con mucho empeño, si pones toda tu inmensa fuerza de voluntad en ello, si alineas tu ilusión y tu pasión y tus esfuerzos y te aseguras de que no queda más de ti por dar... Bien por ti. Pero aun con esas, puede que te quedes con las ganas y no llegues a donde querías llegar.

La vida es dura: apuesto a que no vengo a descubrirte nada nuevo.

Lo mismo vale para cuando haces una limpieza de pensamientos negativos y llenas tu casa de positividad y arcoíris y aceites esenciales y dices aquello de *Good Vibes Only* y cierras la puerta a toda la toxicidad del mundo para que nada te desalinee los chacras.

Caso similar si decides caminar campo a través donde se disponen con gracia altas hileras verdes desde las que alzar los brazos al cielo: pecho alto, frente ligeramente hacia atrás. Con la actitud inquebrantable de quien se sabe conocedora de su buena suerte y con la certeza absoluta de que, si se lo pide al universo con suficiente claridad, lo mejor siempre estará por llegar.

Siento ser yo la que venga a pinchar el globo, pero en el fondo —muy en el fondo— creo que nadie se lo traga ya.

¿Qué me dices de aquellas corrientes actuales según las cuales la enfermedad es poco más que un defecto en las formaciones del pensamiento correcto? ¿Qué hay del yugo imperante de la felicidad forzosa, por el que tu suerte depende en exclusiva de tu actitud, y si tu actitud no es recta porque tu vida es difícil, pues tú te lo buscaste?

Ah, el pensamiento mágico. Que tire la primera piedra aquella a la que no le atrae perderse en este pecado capital de cuando en cuando. Nadie podrá negarme la constatación de su gran atractivo: ¿Y si el poder de la mente pudiese conectarse al centro mismo del manantial de la vida y allí el universo, en su infinita sabiduría y temple, nos enviase en forma de ondas certeras aquello que necesitamos en cada momento? ¿Y si existiese un sistema desde el que poder sintonizarse con el Todo y una lograse lanzarle sus deseos con la inequívoca esperanza de ser escuchada?

Lo siento: no me lo creo ni un poco.

Y una bien podría pensar que entregarse al vicio del poder sin límites es poco más que un mal desliz de inocente carácter ocioso, pero yo vengo a contarte que es mucho más que eso. Aprender a pensar de manera correcta es condición *sine qua non* para conseguir una gran vida. Al menos, en todo aquello que de ti depende. Esperar a que la divina providencia resuelva tus movidas no te va a llevar ni a cruzar la esquina tras tu bloque. Obligar a tu mente por golpe de estado a centrarse solo en lo positivo, pues tampoco.

Escribir sobre abundancia, sobre cómo expandir tu universo de posibilidades, sobre cómo aspirar al más y al mejor sin caer en el dogma neoliberal de la ley del más fuerte es meterme en terreno pantanoso. Pero justo por eso escribo este libro. Como psicóloga, y más aún como especialista en *coaching*, me incomoda pertenecer a un campo en el que prima un mensaje imperantemente individualista: la idea parcial de que un ser se labra su propia suerte sin que otros factores externos influyan en el proceso. *Abundancia femenina* se erige sobre la importancia de traer el contexto al campo del crecimiento personal y de la autoayuda, sobre la necesidad de reconocer las estructuras complejas y las fuerzas que gobiernan la conducta a niveles más amplios que el individual.

Pero hay más. *Abundancia femenina* también surge de la ilusión de haber presenciado, tras muchos años trabajando como psicóloga, que todo lo que una pueda hacer, lo puede hacer, y que en multitud de ocasiones esa horquilla de opciones supone un salto de pértiga en nuestras vidas. Que entender cómo se ha formado nuestro universo de posibilidades —lo que *es* posible e imposible y aún más, lo que *creemos* posible e imposible— nos devuelve cierto poder para dinamitar los altos muros que hemos construido a nuestro alrededor: en qué tipo de casa puedes vivir, en qué tipo de trabajo puedes triunfar, hasta dónde pueden llegar tus honorarios, cuánto puedes disfrutar de tu tiempo en esta tierra.

Cuidado con creer que una puede llegar con un panfleto de tal calaña y vocearlo desde la tarima ante un campo de refugiados. Yo sé delante de qué audiencia despliego este discurso y me cuido mucho de no insultar la inteligencia de nadie. ¿De verdad alguien piensa que las posibilidades son las mismas hayas nacido donde hayas nacido y lo hayas hecho con unos u otros recursos? ¿Que todo está en tu mente y que lo que deseas solo de ti depende? Es atractivo, repito, y aún más insultante. Pero cuidado también con creer que las limitaciones de otras son exactas a las nuestras propias. Naveguemos con justicia por todo esto. El equilibrio individuo-contexto es delicado y durante las siguientes páginas trataré de honrarlo con el mimo que merece.

Como enamorada del desarrollo personal, hace tiempo que me he curado de la picadura del querer es poder. Querer no es poder siempre, pero querer es una buena base de la que partir para acercar nuestra vida a una versión mejorada de la que tenemos ahora. Y eso es bastante.

Para tratar ese asunto siempre es interesante volver a Maslow. La pirámide de Maslow es una teoría de la motivación que busca dar explicación a cuáles son los impulsores que subyacen bajo la conducta. Esta pirámide está constituida por cinco escalones dispuestos de manera jerárquica según el rango de las necesidades humanas. En la parte más baja de la pirámide nos topamos con nuestras necesidades más básicas, como la necesidad de procurarnos comida o, incluso, la respiración. Una vez vemos satisfechas esas necesidades primarias podemos subir al siguiente nivel, donde se hallan las necesidades secundarias y, más arriba, donde se encuentran las terciarias. Es en la parte más alta de la pirámide en la que encontramos la idea de la autorrealización —aquí encajaría la definición de abundancia con la que trabajamos en este ensayo—, y a la que solo podríamos acceder una vez bien resueltos y cubiertos todos los niveles anteriores: sin agua, sin comida decente o techo, sin familia ni personas alrededor que nos quieran y nos traten con amor, reconocimiento y respeto, difícilmente podemos llegar a trabajar en la cima de esta pirámide. Recuérdalo ya para siempre desde hoy: lo primero es revisar los básicos.

Yo misma siento que he hecho ese recorrido y, quizá por eso, para mí también significa tanto compartirlo contigo al principio de este libro. Considero importante que nadie piense que los profesionales de la psicología hablamos desde un podio, como si la teoría nos confiriese cierta altura que nos previniese de sufrir lo que el resto de los mortales sienten como propio. La abundancia es un tema importante para mí porque, en mi propia historia, he sentido como lo tuvimos todo y, después, lo perdimos de una vez. Mi vida —aun siendo bien consciente de todos los privilegios de los que he gozado— ha sido durante años una auténtica montaña rusa, en la que no hace tanto que he podido instalarme en la parte alta de la pirámide que nos enseñó Maslow. Ese lugar no es el de la riqueza más absoluta, el de los diez yates y la sabiduría más zen, es el de la autorrealización. El de saber que, por fin, tengo un cierto sentido de propósito en la vida, que mis relaciones son relativamente armoniosas y que, además de hacer con gusto lo que hago, me da de comer bastante bien. Desde este lugar, del que al fin he aceptado su cualidad transitoria e impermanente, veo lo que no veía mientras escalaba con dificultad sobre el escalón de las necesidades más básicas.

Tengo por costumbre no compartir demasiado. Lo justo, lo que pueda ayudar a otra. Pero cuido con celo la parte de mi historia que colinda con las de otros. Los psicólogos, sin embargo, utilizamos algo llamado autorrevelaciones, que bajo nuestro código de conducta solo son permisibles en tanto en cuanto puedan resultar beneficiosas para nuestros clientes. De nada sirve que te cuente de mí algo que en nada te interese o que no pueda servirte. Porque, al final, lo que importa no es tanto lo que yo te explique, sino lo que tú lees, cómo mi historia, que ahora voy a desplegar ante ti, conecta con algunas partes de la tuya, con tu infancia, con algunos de tus miedos y ambiciones, con las creencias de cómo se sostiene el mundo bajo tus pies.

Soy la cuarta hija de una familia de cinco hermanos. Mi padre, asesor financiero natural de Córdoba, y mi madre, una maestra de Dos Hermanas reconvertida en dueña de una tienda de decoración llamada Asientos. Mis padres, de valores conservadores y corazón grande, nos dieron todo lo que tenían en su mano que, por suerte en aquella época, fue mucho. Hasta mis diez años, puedo decir que tuve una infancia normal: jugaba hasta zurrarme con mis hermanos, leía cuentos, merendaba pan con chocolate, veía mucha más televisión de la recomendada y aguantaba el calor de Sevilla como se podía durante los veranos.

Durante la cena de un martes cualquiera, mi padre se sintió raro. En menos de una hora, estaba ingresando en el hospital con un accidente cerebrovascular que lo dejaría en silla de ruedas los siguientes dieciséis años de su vida. La verdad es que así contado parece que hablara de una vida pasada, pero la que haya sufrido un trauma de tal tamaño en su familia sabe bien de lo que hablo si le digo que aquella bien podría haber sido otra vida, de tanto que las cosas cambiaron de un día para otro.

Yo tenía diez años y nuestra situación económica, social, familiar, emocional y espiritual sufrió un giro de ciento ochenta grados aquel día. Mi familia ya nunca volvió a ser la que había sido hasta aquel momento, y nos vimos forzados a escribir una nueva historia. Perdimos mucho —dinero, posición, posibilidades, paz—, pero de ninguna manera lo perdimos todo. Paulatinamente fuimos abandonando el tren de vida que habíamos llevado hasta entonces para dar paso a una existencia en la que cada uno se iba a tener que labrar su suerte con sus propias manos.

A mis treinta y siete años, he vendido seguros de decesos, de vida, de hogar, de salud; he vendido enciclopedias, he hecho encuestas, he servido filetones en un mesón, he puesto copas en un bar; he servido cafés y sopas; he limpiado cocinas, baños; he trabajado como teleoperadora y he llorado del dolor de espalda tras una jornada de quince horas detrás de una barra por cuatro duros mal contados. No hay nada especial ni loable en todo esto: he trabajado como toda hija de vecina para llegar a donde ahora estoy. Pero quiero que entiendas que nadie me regaló todo lo que hoy tengo al cumplir mis dieciocho.

Un día conocí a Gonzalo —aquí una parada técnica para recordarnos la importancia de encontrar a personas, si es lo que deseamos, con las que compartir valores, coraje y ambiciones— y empezamos juntos a escribir un capítulo nuevo. Tras licenciarnos y viendo el panorama que nos ofrecía por aquellos tiempos España, decidimos que el exilio no podía ser tan malo. Lo vendimos todo, facturamos ocho maletas con todas nuestras pertenencias y nos mudamos a casa de mi hermana Blanca. Londres es una ciudad dura donde las haya, pero me enseñó algo alto y claro: cuanto más duro trabaja una, más suerte tiene.

Si esto te suena a discurso desde el privilegio es porque lo es. No me pasa desapercibido que es justo el privilegio lo que me ha dado la posibilidad de remontar, que la educación y el amor y la ambición que me inculcaron mis padres han sido el motor que más fuerza me ha dado en esta vida.

Hace ya dos años que volvimos de Londres, y ahora también nos acompaña Santiago. Si me preguntas qué es abundancia para mí, yo solo tengo que mirarlo. Vivimos en una gran casa desde la que se ve el mar a un lado y la montaña, al otro. Trabajo en mi propio proyecto sin necesidad de desplazamientos, sin metro, sin correr, sin una montaña de contaminación sobre mi cabeza, sin jefes, sin apuros a final de mes, sin reuniones eternas de trabajo. Tengo salud y suerte. Paso la mayor parte del día escribiendo, justo como yo quiero. Dispongo de buena comida en la mesa —buenas verduras y frutas, pescado y legumbres— y tardes muy largas disfrutando de las risas de mi niño bajo el sol andaluz. Estoy en el camino de la abundancia y lo siento en cada una de las células de mi cuerpo.

Quizá por todo esto es por lo que quiero hablarte de sueños. Quiero hablarte de qué se puede y no se puede hacer para conseguirlos, de qué herramientas nos trae la psicología para trabajar nuestra mentalidad y desbloquear, en la medida de lo posible, siglos de escasez a la que hemos sido relegadas. Las mujeres nunca hemos podido más que ocuparnos de lo privado, de lo doméstico y de lo urgente. En muchas casas del mundo aún sigue siendo el caso. Por eso, este libro. Nos lo hemos ganado.

Déjame contarte qué vas a encontrar aquí.

Verás que *Abundancia femenina* está dividido en dos partes:

1. Cómo imaginar una gran vida
2. Cómo crear una gran vida

Comienzo por subrayar la artificiosidad de esta distinción, como lo haría con la clásica individuo-contexto. Lo que es fuera lo es dentro y, a pesar de que hay ciertas temáticas que podremos elaborar con mayor precisión en un lado u otro de la línea, contemos con que una no tiene que empezar por imaginar para poder después crear algo. En la teoría, ese es el caso, pero la realidad es siempre más compleja.

El trabajo base, el de creer que tú también puedes, va a requerir, sin lugar a dudas, de un cierto compromiso previo, pero ten algo por seguro: cuando de verdad vas a creer en ti es cuando pases a la acción y compruebes por ti misma que puedes traspasar los límites que te habías —y te habían— impuesto. Por eso, aunque por requerimientos de la exposición me encontrarás hablando de creencias limitantes, recuerda que no siempre esas creencias vendrán de dentro. Lo mismo ocurre cuando hablo de trabajar en tu mentalidad o *mindset*: no siempre necesitarás hacerlo desde la mente. Habrás de hacer cosas para creer que te pueden pasar cosas. Recuérdalo.

Individuo-contexto, mente-acción son las cuatro orillas con las que trabajaremos en este ensayo, y podremos comprobar con detenimiento que cómo establecer los límites de cada una es una tarea que se torna compleja. Más aún: es una tarea innecesaria. Utilicemos el viaje que propone este libro como un proceso de masticación, como una experiencia inmersiva de aniquilación de tu propio universo de posibilidades, como un medio para la excelencia, por dentro y por fuera, forzando los propios límites de lo que *creemos* que podemos y de lo que podemos *en realidad*.

Sin magia, sin trucos.

En *Abundancia femenina* vamos a averiguar cómo construir una versión de nosotras más alineada con lo que queremos y una vida más cercana a lo que sería la vida de tus sueños. Vamos a hablar de abundancia y, cuando digo abundancia no quisiera caer en eufemismos: vamos a hablar de dinero, de éxito profesional, de ocupar las altas esferas del saber, de liderazgo, de poder personal. De la creencia en una misma, en la propia valía y en el merecimiento. Vamos a ver cómo esto choca con lo que ha sido reservado para nosotras y qué podemos hacer desde la limitada y vigorosa esfera de la individualidad. También vamos a buscar tu propia definición de abundancia: qué es y qué no es éxito. Vamos a hablar de cómo llegar a la mesa donde se toman las decisiones y sentarse, y vamos a hacerlo recordando que no todas pueden y eso es una realidad. Yo no soy quién para averiguar qué puedes y qué no, así que este es nuestro trato: atrévete a caminar tu propio camino, coge lo que te sirva y deja lo demás.

CÓMO IMAGINAR
UNA GRAN VIDA

Una mansión propia

El 24 de octubre de 1929, mi autora favorita publicó un ensayo basado en una serie de conferencias que había dictado el año anterior en el Newham y el Girtom College, ambas casas femeninas de la Universidad de Cambridge. Este libro vendría a cambiar mi vida y la de varias generaciones de mujeres del pasado siglo.

Virginia Woolf ideó *Una habitación propia* como un alegato contra la imposibilidad de las mujeres para ocupar la esfera literaria de la manera en la que tradicionalmente lo habían hecho los hombres. «Una mujer debe», decía Virginia, «tener dinero y una habitación propia para poder escribir ficción». Sin esa independencia económica no hay autonomía creativa, no hay posibilidad de procurarse un espacio físico y simbólico desde el que construir un discurso único. No hay marco para la acción.

Ella bien lo sabía, porque aprovechó su asignación de quinientas libras anuales para convertirse en la que aún consideramos una de las plumas más brillantes de la historia. Yo, tal y como ella hizo con la hipotética hermana de William Shakespeare que, muy al contrario que su hermano, nunca llegó a poder ver su sueño convertido en realidad, me pregunto qué hubiera sido de mi vida si Virginia no hubiera sido dispensada con aquella generosa suma. Sin ella como referente, toda mi propia historia habría tomado otro camino y, como la mía, la de muchas otras que han caminado bajo la luz de su *Faro*.

Abundancia femenina nace de esa simiente, sin dinero, sin éxito y sin posibilidad, las mujeres están condenadas a seguir confinadas en la oscuridad y en la urgencia que nos impone lo doméstico. Sin abundancia, no hay posibilidad de mansión propia. Las lavadoras, los deberes de los niños, las asociaciones de padres y madres y la maldita socialización de género, que nos empuja como un dique invisible y «nos invita» a que, cuando unos se reúnen para hablar de *bitcoins*, tecnología, ciencia, economía y futuro, nosotras nos dediquemos en masa a abrir blogs en los que discutir por horas si es mejor cambiar la harina de los *nutripostres* de los peques por trigo de sarraceno o si sería más conveniente hacerlo por la de garbanzos.

Una nueva mística de la feminidad

Comienzo con la escritura de este libro durante el inicio de la segunda ola del maldito virus que ha paralizado nuestro mundo. Dejo constancia de su fecha porque el contexto, como veremos pormenorizadamente en las siguientes páginas, es importante. Ya, a estas alturas, nos enfrentamos a la primera *she-cession* de la historia (la primera recesión solo de mujeres): durante las dos grandes guerras, vimos cómo las mujeres daban un paso certero para entrar al mercado laboral y conquistar sus merecidos derechos, y ahora vuelven atrás, a una marcha que había resultado impensable no hace tanto. En los anteriores momentos de la historia, todas las *he-cessions* fueron acompañadas de *she-recoveries*, es decir, cuando los hombres se iban al frente, las mujeres encontraban la oportunidad de ocupar espacios fabriles. Pero esta situación peculiar que ahora vivimos promete ser diferente: peor pagadas que los hombres, con peor empleo y más carga doméstica, las mujeres se ven empujadas a dejar sus empleos.

En ese punto es donde la propaganda del patriarcado, como ya hizo muchas veces antes, ha vuelto a sacar la artillería pesada para recordarnos las muchas bondades que nos brinda el retorno modesto a nuestras legítimas posiciones en casa. En las redes sociales, infestadas de un nuevo —pero tan viejo como rancio— ideal de domesticidad, que ya llevaban años siendo usadas para reforzar mensajes de conformidad con los roles tradicionales de género, se encuentran ahora nuevas formas veladas de incitación a la vuelta al hogar. Nada nuevo bajo este sol: teñido de un falso tinte de privilegio —al fin y al cabo, seguimos asociando a la mujer que se queda en casa con los niños con la mujer que puede hacerlo, lo que es verdad, al menos en cierta parte—, estas mujeres utilizan sus portales para compartir artilugios de belleza, fórmulas antienvejecimiento, modos de organización de la comida dentro de las dinámicas del hogar, de crianza con apego y mucho más.

Quizá la crianza con apego merecería un libro aparte, pero no puedo pasar por aquí sin hacer un apunte: solo el nombre de este movimiento nos revela lo que va a venir detrás. Creer que hay madres que eligen criar con apego y otras que, de saberlo, elegirían hacerlo de otro modo destila cierta soberbia, pero el tema va más allá. Según la sección más extrema de la mal entendida crianza con apego, para llevarla a cabo una ha de ceder al colecho, dar el pecho por encima de las propias posibilidades, abstenerse de decirle la palabra *no* a sus hijos por miedo al trauma infantil y portearlos hasta que al menos cumplan los dieciocho años. Nadie plantea qué podría haber bajo todo esto, pero antes de seguir, me parece importante mencionarlo.

La entrega desmedida a la maternidad, pasando por encima de la propia necesidad y ambición, también oculta en muchas ocasiones las dificultades que los proyectos laborales de las mujeres presentaban previos a este paso. Con poco o nada a lo que volver que merezca la pena en muchos casos, quedarse en casa con los hijos aparece como una opción perfecta. Y cuidado, que, aunque lo que defendemos aquí es siempre la libertad de la elección de las mujeres, no hay casualidad en que cada vez más mujeres den un paso atrás en su independencia y vuelvan a depender de los hombres como se hacía hace no tanto, allá por los cincuenta. Las consecuencias de una huida —una expulsión— en masa de cientos de miles de mujeres durante años del mercado laboral nos pone a todas en una absoluta posición de desventaja. El cuidado es importante, es central, quién podría tener algo en contra de algo como el apego, pero ¿qué hay de ellos? ¿No entiende la sociedad que también ellos tienen que reajustar sus decisiones si queremos que la igualdad sea un hecho en algún momento? ¿Que también ellos tienen que portear, pelearse con la harina de trigo sarraceno porque comer saludable no es negociable y meterse en los grupos de WhatsApp del cole?

Te ruego que entiendas que no veo nada malo en dar el pecho, en preparar postres, en portear o en el colecho: yo misma le he dado a todos estos palos con mi hijo Santiago y lo he hecho feliz. Solo estoy tratando de hilar más fino. Yo gocé de un año de baja maternal pagada con mi trabajo de Inglaterra, lo que en la mayoría de los países es un auténtico lujo. Pero te confieso que, desde que me convertí en madre, me prometí a mí misma que escribiría un libro que titularía *Propaganda y maternidad: la nueva mística de la feminidad*. Los primeros meses fueron los peores, los mensajes me bombardeaban por todos lados. La exigencia moral que cae sobre la mujer es un nuevo mandato de género teñido, otra vez, con una pátina retorcida de falso privilegio: «Qué estupendo es poder entregarme por completo a mis hijos, aunque entiendo que otras mujeres no puedan hacerlo». Bajo esa afirmación, se esconde un mensaje peligroso: «Si tú puedes, también deberías hacerlo». «Lo óptimo es hacerlo». «Lo ideal es estar en casa con tus hijos porque eso solo lo hacen aquellas que pueden hacerlo». Pero creer que estas decisiones, aparentemente individuales, no tienen una consecuencia que trasciende, en mucho, la esfera de la familia es cerrar los ojos a lo que está ocurriendo en el mundo. Hordas de mujeres salen en estampida de sus trabajos para cuidar de sus hijos hasta mucho más allá de los seis años. La pregunta es la siguiente: ¿Luego qué? ¿Cómo sufragamos ese paréntesis? Que nadie entienda que desde su propia historia tiene la responsabilidad de romper con estos esquemas clásicos, porque cada mujer ha de decidir lo que le conviene, pero entendamos la dificultad de lo que estamos hablando. Mujeres que dependen de sus maridos por *elección*, mujeres que compran esta ecuación porque vuelve a ser socialmente deseada. O quizá nunca dejó de serlo. ¿Cómo subvertimos el orden de este modo? ¿Cómo emancipamos de una vez por todas a las mujeres de sus casas? ¿Cómo convencemos a los hombres de que también, para ellos, quedarse en casa con los niños es una opción válida, deseable, óptima? Una mujer sin dinero, sin carrera, sin opciones, es una mujer en situación de absoluta desventaja en el mundo. Pero no podemos culparnos a nosotras, porque la culpa no es nuestra. La culpa la tiene el patriarcado. O más concretamente, la socialización de género.

Si desde niñas el foco de nuestra educación es el cuidado del otro, si a la hora de escoger profesión ya se nos subraya la importancia de buscar algo que pueda, en el futuro, compaginarse con nuestras obligaciones familiares y, si pronto comenzamos a tomar decisiones desde esta óptica, una vez entramos en la carrera laboral, me pregunto cómo vamos a seguir defendiendo el mito de la libre elección. Cuando llega la hora de elegir, ya estamos muy pero que muy condicionadas. Sabemos perfectamente qué poner por encima de nosotras mismas: la maternidad, la casa, el marido, la familia. El mundo entero.

Nuestra primera vuelta atrás

Sabemos, además, que esta situación excepcional que vivimos se ceba psicológicamente con las que se ha cebado siempre: son muchos los estudios que hablan de un acusado aumento del malestar psicológico a raíz de la crisis sanitaria. Ellas son quienes han perdido más confianza y optimismo y quienes muestran un mayor empeoramiento en los niveles de vitalidad y energía. Hablamos de ansiedad, depresión, ira. De un profundo sentimiento de incertidumbre y de irrealidad.

Estamos desocupando espacios que antes eran nuestros y teniendo que dar un paso atrás. Por aclarar: las mujeres no están renunciando a sus puestos de trabajo, están siendo obligadas, empujadas e invitadas a dejarlos. Sin que los gobiernos tomen medidas reales para la conciliación, con la pobreza feminizada como ya lo venía estando (peores empleos, peores condiciones) y gracias, otra vez, a la dichosa socialización de género, nos encontramos con pocas salidas. Jefes con exigencias imposibles, maridos con reuniones que son siempre más importantes, niños con necesidades muy reales de atención, amor y cuidado. ¿Es que los niños pueden criarse solos? ¿Qué mundo hemos creado? Es demasiado.

Y yo me pregunto: ¿Dónde quedan los sueños de las mujeres en todo esto? El feminismo atraviesa todo lo que hago. He trabajado con personas víctimas de abusos durante muchos años, he sido miembro del comité de dirección de una organización no gubernamental que acompañaba a mujeres en situaciones complicadas en Londres, estoy al frente de mi propio proyecto de psicoeducación dirigido a mujeres, escribo novelas cuyas protagonistas se rescatan solitas a ellas mismas, y todo mi mundo gira en torno a esto. Pero, llegadas a este punto, he descubierto algo: en el activismo feminista tratamos temas tan duros, tan urgentes, tan necesarios, que hablar de sueños parecería casi un insulto.

¿Cómo le hablas de sueños a una mujer en situación de violencia doméstica? ¿Cómo le hablas de sueños a la mujer que emprende por necesidad y a quien los ingresos no le llegan ni para pagarse un sueldo? ¿Cómo le hablas de sueños a la madre que tuvo que renunciar a lo suyo para poder cuidar de su prole? Ahora bien, cuidado con creer que es insensible hablar en estas circunstancias de sueños, porque lo que es insensible es pensar que alguna mujer no se merezca, pese a su situación terrible, seguir haciendo espacio para el propio proyecto. Peor aún es que crea que nosotras hemos dejado de pensar que en su caso concreto merezca la pena perseguir lo que para ella supone un sueño. Si alguien necesita soñar somos nosotras y más lo necesitamos cuanto más abajo estamos.

De ahí mi sensación de que en el activismo feminista casi esté mal visto hablar de todo esto. Si una observa la situación real de la mujer en el mundo verá grandes avances y, si se fija mejor, advertirá todo lo que nos queda por avanzar. Pero, aunque no sea un tema exento de polémica, lo cierto es que alguien necesita hacerlo. Personalmente, lo tengo claro: hablar de feminismo también es hablar de sueños, porque no hay nada que pertenezca con más fuerza a la individualidad propia que las más íntimas pasiones, ilusiones, esperanzas. Hablar de feminismo también debe ser hablar de ambición, de poder, de anhelos, de liderazgo, de excelencia. Yo quiero más mujeres juezas, escritoras, inversoras, presidentas de gobierno. Quiero más mujeres que sean sujetos en el arte y no solo objeto; más mujeres que encuentren sus voces y puedan expresarlas en sus escritos. Quiero más editoriales dirigidas por mujeres, más agentes, más directoras de cine que cuenten cómo se ve el mundo desde nuestros ojos, más mujeres en las salas donde se toman las grandes decisiones, porque veremos que, si no estamos arriba, es porque estamos abajo y, desde ahí, conseguiremos cambiar poco. Quiero más mujeres ricas, más mujeres independientes, más mujeres con mejor salud, más mujeres en altos cargos, más mujeres liderando sus proyectos. Porque la que no tiene poder, tiene miedo, y, con más mujeres arriba, haremos temblar al *statu quo*. Y justo eso es lo que anhelamos.

Y será el simple hecho de que estemos arriba lo que hará que el sistema cambie. No porque seamos más empáticas —por favor, dejemos los mandatos de género para otros libros, la puerta de la abundancia se cierra con ellos—, no porque seamos más inteligentes o, en general, mejores gobernadoras —aunque podríamos también hablar de esto—, sino porque somos la mitad de la población y estamos infrarrepresentadas en las capas de arriba. Veremos en las siguientes páginas cómo percibe el cerebro esta situación y por qué, si no conseguimos que más mujeres lleguen a donde tienen que llegar, va a ser difícil que nada cambie.

Así que aquí comienza nuestro camino. Mi compromiso contigo es este: desde aquí, querría ser la animadora que corre contigo los últimos cinco kilómetros de una maratón en la que había perdido la expectativa de participar siquiera, la entrenadora que grita a su equipo antes de un partido en el que se lo juegan todo que esta vez sí podemos y nos lo merecemos, la compañera que ve en ti lo que la mayor parte del tiempo no ves ni tú misma.

Que aún no creas en tu posibilidad como yo quisiera que lo hicieras tiene su explicación y vamos a tratar, en la medida de lo posible, de resolverlo. Vamos a desgranar cómo has llegado a creer que puedes lo que puedes, lo que no puedes y lo que podrías, y qué herramientas tenemos para trabajar al respecto. Mi intención es que acabes este libro sabiendo que *Una habitación propia* pudo ser una reclamación legítimamente proporcionada un siglo atrás, una petición suficiente y, desde luego, valiente, pero que hoy la causa la abanderamos con renovadas fuerzas. *Una mansión propia* se ajusta más a lo que siempre hemos merecido pedirle al universo, si es que el universo está preparado de una vez para escuchar nuestras exigencias.

Tu vida ideal

Un ejercicio recurrente en mis talleres consiste en pedir a mis alumnas, a mis clientas o a mis lectoras que imaginen su vida ideal. Comenzaré por confesarte que algo que podría parecer sencillo, en ocasiones no lo es tanto. Decía Gloria Steinem que «Sin saltos de imaginación o sueños, perdemos la emoción de la posibilidad. Soñar, después de todo, es una forma de planificación». Pedir a una mujer que se permita soñar tan en grande como pueda es asunto peliagudo, pues sabemos de antemano que, para hacerlo, tendrá que romper con infinitud de capas de resistencia en dos planos: el de facto y el simbólico.

Para empezar, habrá de lidiar con el trauma generacional que ha conllevado la propia experiencia de ser mujer y que llevamos impreso en la filogenia de nuestro sexo, una suerte de tara ancestral que nos ha relegado al complemento, al objeto de intercambio, a la mera supervivencia despojada de todo tinte de disfrute. ¿Soñar? Ja. No hace tanto que las mujeres hemos podido comenzar a plantear qué significaba ser *nosotras*; qué era aquello que sentíamos, cómo podíamos expresarlo, cuáles eran nuestros anhelos más íntimos. Cuando una está diez horas al día frente a los fogones cocinando y después corre tras los niños, sirve al marido y cae desplomada en la cama como un gran saco de patatas, poco espacio le queda para esto, que bien podría parecer un lujo para niñas mimadas. Querría convencerte de lo contrario, pero para eso tengo este ensayo entero: permíteme antes seguir con este razonamiento.

Lo cierto es que, para las mujeres, soñar puede ser difícil, y no solo por la estampa que ya está impresa en nuestro ADN a base de mucho condicionamiento pavloviano. Pero no nos hace falta irnos muy lejos. Las mujeres seguimos teniendo dificultades para soñar, incluso en zonas privilegiadas en pleno siglo XXI, por la socialización de género que, aunque no podamos decir que sea exactamente igual a la de hace un siglo, sigue constituyendo la primera forma de violencia contra nosotras.

Por despejar dudas. La socialización de género es la educación diferencial que hombres y mujeres reciben desde el momento mismo en que su sexo es descubierto y, pese a quien pese, no es algo que pueda elegirse conscientemente. ¿Cómo iba una mujer en su sano juicio a elegir la educación de la oprimida y no la del opresor? Recordemos que quien no tiene poder, tiene miedo. El procedimiento es increíblemente simple en su base: un bebé viene al mundo. El profesional de la medicina o de la enfermería le dice entonces a los padres: «Han tenido ustedes un niño», «Han tenido ustedes una niña». Y ya está. Justo en ese momento comienza todo. El pijamita rosa o azul serán, a partir de entonces, el menor de sus males. Pronto, tan pronto como entre los cuatro y los seis años, las niñas comenzarán a describirse como menos capaces en actividades como las matemáticas (*confidence gap*) y, no mucho después, estarán relegadas a una esquina del campo de fútbol del colegio, por el que ya, a estas alturas, camparán a sus anchas los chicos en los recreos.

Déjame que te cuente algo. Los dos primeros trimestres de mi embarazo los viví en Londres, una ciudad moderna y avanzada a todas luces, y aun así recuerdo vívidamente las reacciones de otras personas tras descubrir el sexo de mi futuro bebé. Escuché perlas como «Lo bueno de los niños es que no compiten con las madres en el hogar», «No tendrás quien te cuide cuando te hagas vieja», o «Los niños establecen un apego más sincero y natural con las madres, las niñas son más complejas», y si te extrañas de estos comentarios es porque no has abierto los ojos lo suficiente, porque te aseguro que están en todos lados y desde siempre.

Pero de todo esto hablaremos con más profundidad más adelante. No nos liemos. Decíamos que tratábamos de imaginar nuestra mejor vida y que este no era un ejercicio siempre fácil. Vamos a probarlo.

Voy a pedirte que me dejes guiarte en esta visualización, ya tendremos tiempo de hablar en profundidad del entrenamiento de la imaginación después. Por ahora, vamos solo a mojarnos los pies en el océano que es la inmensidad de nuestra mente. Te prometo que antes de que acabes este libro, habrás entendido algo mejor cómo estirarle los bordes a lo que ahora parece absolutamente rígido.

Hacer una visualización mientras una lee no es lo más tradicional, así que te invito a que leas la experiencia completa y que luego pares unos minutos para seguir la secuencia con las imágenes que hayas ido creando en tu propia mente. Si te resulta más cómodo hacerlo a la vez que lees, también está bien. Hazlo como a ti te sea más conveniente.

Como alternativa, puedes escuchar esta visualización grabada aquí www.mariafornet.com/una-mansion-propia-1 o haciendo una foto a este código:

Solo voy a darte dos indicaciones antes de empezar:

1. En este ejercicio te pediré, en un momento dado, que imagines a una persona. Quiero pedirte que las personas que traigamos a nuestra visualización estén vivas. De nada nos va a servir aferrarnos a lo que no podemos y soñar despiertas con que están otra vez con nosotras, por más comprensible que ese deseo resulte. Me corrijo, podría servirnos para algunas cosas, pero no para esto. Tratemos de ceñirnos a los vivos, por más que traer a algunas de las personas que ya se han ido pudiera mejorar nuestra experiencia en mucho. Es lógico que queramos hacerlo, pero hazme caso si te digo que para este ejercicio en concreto no tendría sentido.

2. Huyamos de los imposibles: ¿En tu vida ideal tienes alas? ¿En tu trabajo ideal cobras siete millones de euros al día por comer dónuts mientras ves Netflix desde tu sofá? ¿En mi mejor versión me miro al espejo y soy Elle Mcpherson? Ajustémonos a los parámetros posibles, aunque seamos conscientes de que son justo los que vamos a desdibujar en las siguientes páginas de este libro. Un buen criterio es no saltarnos las leyes de la ciencia (medicina, física, química, biología y lo que se te ocurra). Pon los pies en el suelo, pero levanta la frente todo lo que pueda.

Si nunca antes has visualizado puede que, al adentrarte en esta práctica, te sientas algo incómoda. Mi consejo es que no te fuerces; el ojo de la mente se puede entrenar como haríamos con cualquier otro músculo, y como con cualquier otra habilidad, nos vamos a encontrar con personas que visualizan de manera muy natural y personas a las que al principio parece costarles un poco. ¿Lo bueno? No hay manera de medir tu desempeño en esta práctica. Nadie va a ponerte nota. Así que vívela como una experiencia más... y haz lo que esté en tu mano por disfrutarla.

Ahora sí. Antes de nada, respira.

Inhala, exhala.

Inhala... y exhala.

Imagínate a ti misma en la naturaleza. Caminas sobre un precioso sendero que se abre paso y separa el verde campo en dos. El cielo está despejado y, en lo alto, un sol brilla con fuerza, lo suficiente para calentarte la frente, la nariz, los hombros y los pies, pero no tanto como para desprenderte de una ligera chaqueta. Caminas a buen ritmo, pero no pierdes detalle. Hace un día espectacular y te sientes muy viva.

Por entre las hojas de los árboles ves reflejos del brillo del sol, algunos rayos se cuelan entre rama y rama y crean grandes halos de luz sobre los que descienden diminutas partículas de polvo. Sientes una felicidad sencilla y pausada, libre de ambiciones. Estás anclada en el aquí y el ahora.

Al fondo del paisaje, hay un puente que cruza un riachuelo claro. Desde aquí puedes escuchar su aplacada corriente, los gorgoteos sobre las rocas. Sientes como, al acercarte, te envuelve la humedad del aire. El olor del río entra por tus fosas nasales y adviertes cómo limpia tu cuerpo por dentro.

Fíjate ahora en ese puente. Es de piedra y no es demasiado empinado. Camina hacia su entrada y obsérvalo. Voy a pedirte que lo subas, pero espera: debes saber algo. Una vez que lo bajes y llegues al otro lado, vas a entrar en un lugar mágico. Aquel lugar contiene tu mejor vida: tu mejor casa, tu mejor versión, tu mejor trabajo. Así que comienza a preparar tu mente.

Caminas con la ilusión de saber lo que viene. Vas a encontrar todos tus sueños hechos realidad. Sueños que quizá ni te habías atrevido a compartir con nadie, sueños que han estado ocultos bajo llave en lo más recóndito de tu corazón. Vas a encontrarte con las personas con las que quieres pasar tu vida, tus personas preferidas. Vas a contemplar tu mejor versión y vas a sentirte como nunca te habías sentido. Vas a ver en primera persona los beneficios de haberte cuidado lo mejor que has podido y también de que hayas tenido suerte. En tu mejor versión, la vida te ha tratado tan bien como ha podido.

¿Estás preparada? Vamos a cruzarlo.

Lo primero que ves al bajar el puente es tu imagen completa reflejada sobre la superficie plateada del riachuelo. Una gran aureola de luz rodea toda tu geografía y notas cómo las comisuras de tus labios se elevan para dar paso a una gran sonrisa. Te gusta lo que ves, estás a gusto en tu cuerpo y en tu piel. No eres perfecta ni falta que te hace. Antes de dirigirte a tu casa, que ya puedes atisbar un poco más adelante, sientes la necesidad de dar gracias por lo que tienes, por ser quién eres. Te sientes francamente feliz y plena.

Ahora quiero que imagines tu casa ideal. Puede que, para ti, tu casa ideal sea un campamento ligero con el que poder moverte de una isla perdida a otra. Quizá sea una gran mansión a las afueras o un pequeño pisito en pleno centro de una gran ciudad, desde cuya ventana ves las aceras atestadas de gente. A lo mejor, un pequeño hotelito que regentas y en el que a la vez vives, o una cabaña de madera en cualquier lugar apartado. Qué sé yo, tú eliges. Quizá vives cerca del mar o puede que en la montaña. Tal vez tu casa es una granja con cerditos y conejos, o un *loft* en un buen barrio. Párate a tomarte el tiempo para verlo, sin forzarlo.

¿Ves la fachada? Visualiza la puerta y abre el pomo con la mano. Nota la textura en la palma y en los dedos al tocarlo con la mente. Ya estás dentro.

Ahora observa bien. Respira y piensa qué ves. ¿Un gran salón? ¿Una pequeña entrada? Pon atención especial a la decoración del lugar en el que estás porque todos los elementos reflejan tu verdadera esencia. Los colores, la mayor o menor ornamentación, la luz que entra por la ventana. Aprovecha ahora para mirar por la ventana, ¿qué ves? ¿Un gran jardín? ¿Una calle diminuta que se esconde entre tu rascacielos y el de enfrente? ¿Las olas del mar? ¿Gallinas? Es tu casa ideal, tú eliges.

Vamos a la cocina, parece que alguien está cocinando. Alguien que te quiere como mereces prepara tu comida favorita y huele a gloria bendita. Acudes a su encuentro, le das un beso y decides subir a las habitaciones, aunque solo sea para echar un vistazo. En tu camino (quizá no hay escaleras, solo tú decides) compruebas que hay fotografías colgadas de las paredes. Te acercas para ver bien qué aparece en cada una de ellas y lo que encuentras te sorprende gratamente. Los grandes momentos de tu vida han sido retratados en estas fotografías: tus logros profesionales y personales han sido enmarcados para que puedas, por siempre, sentirte feliz y orgullosa de verlos.

Míralos bien. Te pregunto: ¿qué ves? ¿Con quién estás en las fotos? ¿En qué trabajas? ¿Está tu lugar de trabajo en esta casa o en otro sitio? Tómate unos segundos. ¿Está tu lugar de trabajo retratado en alguna de las fotos? ¿Qué aspecto tiene? Acércate bien para verlo.

Quiero que te fijes mejor en lo que haces. Quiero que, a juzgar por el contenido de lo que encuentres en las fotos, averigües a qué dedicas tu tiempo. ¿Tienes una gran oficina en el piso más alto de un gran bloque? ¿Se ve la ciudad desde arriba? ¿Trabajas con una gran biblioteca en la pared del fondo? ¿Dispones de un taller artesanal, desde donde crear a tus anchas? Siéntate y tómate el tiempo que necesites para afinar el ojo de la mente en esta parte. Pero no te duermas, que seguimos.

Quiero que te dirijas ahora a las habitaciones y me digas cuántas hay. ¿Son habitaciones de niños? ¿De invitados? ¿Las tienes dispuestas de manera diferente a la principal? ¿Qué usos les estás dando? Intenta hacer una buena fotografía mental de todo lo que, a tu paso por la experiencia de tu vida ideal, te vas encontrando.

Ya casi vamos acabando, pero no sin antes volver a la cocina. No voy a dejarte sin probar un buen bocado de tu comida favorita, semejante desplante sería un sacrilegio. A todas luces, innecesario. Cierra los ojos y aprieta la lengua contra el paladar. Imagina con toda la vivacidad de la que seas capaz qué es lo que estás comiendo. Dale un beso a la persona encargada de cocinar, un abrazo rápido y, poco a poco, vamos volviendo.

Sal de tu casa y dirígete otra vez al puente. Quiero que, antes de subirlo y cruzarlo una vez más, te pares de nuevo a mirar tu imagen en el espejo del río claro. Mírate bien y recuerda esta sensación, que ya no se pierde. Este río, como tu vida, traerá corrientes más y menos fuertes a su paso, pero lo que has vivido en estos últimos minutos por siempre te pertenecerá a ti. A nadie más. Nadie puede quitarte la certeza de haber experimentado de cerca la realización de tus mayores sueños. Las experiencias no pueden borrarse de la mente.

Ahora sube el puente, aferrada a la sensación placentera de saber que ese lugar está disponible para ti y que puedes acudir a él siempre que lo necesites. Cuando dudes, cuando necesites darte un gusto, cuando pierdas tu *Faro*. Siempre puedes releer estas líneas y volver a casa.

Sal ahora a la pradera, disfruta del sol en tus hombros, disminuye el ritmo del paso.

Poco a poco vuelve a la respiración y conserva esa sensación de bienestar de fondo.

Agárrate a esa calma.

Inhala, exhala.

Inhala… exhala.

Vuelve.

Tómate un momento para respirar y mirar a tu alrededor, para aterrizar de vuelta. Y ahora piensa en cómo te sientes, afianza la sensación que te proporciona todo lo que has encontrado en esta exploración interna.

Un tema interesante en este punto es que imaginar tu mejor versión posible tiene efectos significativos en el estado de ánimo (por no hablar de cómo puede acercarte a aquello que quieres conseguir en tu vida, de lo que hablaremos más tarde). La psicóloga Laura King ha descubierto que, en comparación con los grupos que escribían diarios que revelaban eventos traumáticos, los escritores de los diarios Best Possible Self (Tu mejor yo) experimentaron beneficios significativos para el estado de ánimo y la salud física, y que estos se mantuvieron incluso meses después de haber hecho los ejercicios de escritura. Así que, si tienes la tentación de pensar que lo que acabas de hacer es en el fondo una tontería, recuerda esto. Aunque solo sea por haberte dado un buen gusto, ha merecido la pena y tu salud lo sabe.

Para qué soñar

Una podría pensar que hablar de sueños a quien los siente —o los tiene— muy lejos bien podría resultar ofensivo o incluso contraproducente, pero si has llegado hasta aquí ya sabes que yo vengo a reclamar justo lo contrario. Hablar de sueños, hacer espacio para el más preciado anhelo, guarda relación con ciertos procesos psicológicos que vamos a detallar a continuación y que considero importante desmenuzar como merecen.

Aunque hablaremos en más ocasiones de las bondades del entrenamiento de la imaginación y de la investigación aún incipiente —pero tremendamente interesante— que hay al respecto, vale la pena decir ya en este punto que sería positivo que repitieras este ejercicio a menudo. No necesitas entrar con tanta profundidad si no tienes tiempo, pero quiero que entiendas por qué generar imágenes concretas de lo que para ti —y solo para ti— es el éxito aumenta la percepción de la probabilidad y otorga sentido de dirección a nuestra conducta. Digamos que fortalece la inclinación de la mente a nuestro *Faro*.

Piénsalo. Si no sabes lo que es una vida exitosa para ti, ¿cómo vas a alcanzarla? ¿Cómo vas a hacerle entender a tu mente que esto es lo que tiene que perseguir? Imagina que en el ejercicio anterior has descubierto que vives en un país diferente, que formaste una familia y tienes dos hijos, que eres la directora ejecutiva de una gran multinacional o regentas una granja escuela a las afueras de tu pueblo natal. Conectar con esas realidades de manera concreta familiariza a tu mente con el contenido de aquello que quieres ser y aquello que quieres conseguir. Hablaremos de por qué nos costará crear aquello que no somos capaces de ver, pero baste en este punto con recordar que terciar la mente hacia la posibilidad nos regala la sensación de habituación. Diluye los muros de aquello que creemos que podría o no podría estar reservado para nosotras.

Decíamos también que soñar otorga dirección a la conducta y recordamos aquí lo que decía Gloria Steinem, con su famoso *dreaming is a form of planning* (soñar es una forma de planear). La manera de entenderlo es muy sencilla: piensa en tu yo ideal y plantéate si estarás cerca de esa imagen en cinco años si sigues haciendo día a día lo que has hecho hoy. Sé sincera contigo misma y piensa que mañana tienes las mismas probabilidades de ponerte las *excusas* para no empezar que te pusiste hoy e inserta aquí la imagen de tu sueño, porque construyendo desde el futuro hacia atrás es como puedes descubrir con absoluta claridad tu mapa de ruta.

Cuidado con el concepto *excusas* en este punto. Que nadie entienda que aquello que la paraliza es puro fruto de la procrastinación o la pereza, que si no has dado un paso adelante es por falta de carácter. Por supuesto que no hablo de las imposibilidades reales, sino de las dificultades diarias, de las narrativas a las que nos agarramos y nos impiden el avance. Nuestras *excusas* son muy reales: el miedo al cambio, el terror a cometer errores, la pereza, el cansancio, la saturación de opciones que a veces nos atasca.

Pero volvamos a tu casa, que se estaba muy a gusto allí. ¿Te topaste en las fotografías de las paredes con que en tu vida ideal eres una afamada escritora de *bestsellers*? Si hoy no has sacado tiempo para escribir una sola palabra en todo el día, ahí tienes por donde empezar. ¿Corrías en una de ellas la maratón de Boston y tus zapatillas llevan en el armario desde la primavera pasada llenándose de polvo? Pues este hecho nos aporta información interesante. Veremos cómo soñar nunca es suficiente si queremos acercarnos a una versión mejorada de nuestra vida, pero es la brújula perfecta para comenzar el paso.

¿Viste con absoluta claridad dos habitaciones de niños y sigues postergando la decisión de la maternidad? Recuerda que ciertas decisiones dependen de la materialidad de una horquilla biológica y disponte a planear: organiza, haz hueco en tu vida y olvídate de que el momento perfecto simplemente llegue. Si algo vamos a refutar en este libro es la idea de que el universo, o la vida o Alá, o qué sé yo quién nos ponga lo que necesitamos en el camino. Yo no puedo decirte si es así o no lo es porque carezco de pruebas fehacientes para demostrarte esto o aquello, pero sí puedo prometerte que la manera más inteligente de capitanear tu vida es depender de la estrategia, porque esta sí puede darnos pruebas a través de su respuesta una vez que nos ponemos en marcha. Planeamos, caminamos y vemos si esto funciona o no. Luego la suerte vendrá o no lo hará, pero con eso podemos hacer poco. Controla lo que puedas y confía después. Nunca en el orden contrario.

Aumentar la percepción de probabilidad de que algo ocurra nos pone, a su vez, en la tesitura de, al menos, plantearnos si contamos con la capacidad para lograrlo. Aquí surge un *pero*, del que hablaremos con más detenimiento después: visualizar no es lo mismo que fantasear. Fantasear con que se cumplen nuestros deseos nos regala una satisfacción cortoplacista que, lejos de empujarnos a la acción, nos inclina a lo contrario. Nos relaja, nos desmotiva y hace que trabajemos con menos fuerza por aquello que deseamos. Nos da una falsa sensación de objetivo cumplido. La investigación sugiere con firmeza que para aumentar nuestro esfuerzo —y justo en él es en lo que podemos confiar siempre— es mucho más inteligente centrarnos en procesos que en metas. Imaginarnos levantándonos cada mañana, a pesar del frío, para ponernos las zapatillas de correr y sacar fuerzas para entregarnos sin pudor a nuestro deseo de correr maratones nos llevará más lejos que crear la imagen mental de la corredora que traspasa la meta sudorosa y con brazos abiertos. Aunque ambas tienen su utilidad, como ya hemos apuntado.

Pensemos que el punto óptimo es una inteligente combinación de estas dos estrategias mentales: una nos regala habituación mental (la creencia de que eso es una posibilidad en nuestro mundo) y la otra prepara la mente para la realidad de la tarea a la que se enfrenta (todos los momentos en los que querrá decir no, los obstáculos que afrontará cuando suene el despertador en la mesilla y lo último que quiera es correr cuando hace frío).

Soñar es necesario porque hace que afrontemos la vida con una predisposición a la apertura, con la agradable sensación de que, por bueno que sea lo que tengamos, lo mejor podría siempre estar por llegar. Esta expectativa positiva tiene valor por sí sola: el optimismo radical nos devuelve la esperanza de que un mundo mejor podría ser una realidad. Y esto es importante. La solución al cambio climático, el derrocamiento del patriarcado, el fin de los problemas racistas, de enfermedades como el cáncer, el sida o a la mismísima COVID-19 está en las manos de aquellas personas que, a día de hoy, se atreven a soñar con que un mundo mejor es posible y que hay cosas que desde la esfera individual podemos hacer para alcanzarlo. Sin esa creencia, sin esa energía, no estaríamos donde estamos: alguien tuvo una vez que soñar que había unos metales que producían radiación y, gracias a ellos, hoy muchas personas consiguen superar algunas formas de cáncer (¡gracias, señora Curie!); alguien tuvo una vez que soñar que el lince ibérico no tenía por qué extinguirse y solo este año hemos visto nacer noventa crías de esta especie en España. Busca las fotos de los cachorritos como acabo de hacer yo y muere del gusto. ¡De nada!

Sea como sea, soñar es importante. Soñar es fundamental. De verdad, déjame que te convenza de esto: no todo puede ser perderse en la urgencia del día a día y un jueves cualquiera morirnos y no habernos dado ni cuenta de lo que ha pasado mientras estábamos tan ocupadas. Apostar por el proyecto vital propio y hacerle espacio es imperativo. Tras siglos de haber sido relegadas a un insignificante segundo plano —en el mejor de los casos—, abandonar el *para-el-otro* y ocuparse de *sí-misma* es un acto revolucionario. Y es importante no esperar a que nadie nos dé permiso, porque tú y yo ya sabemos que nadie vendrá a hacerlo. Una tiene la responsabilidad consigo misma de alzarse con lo que tiene aquí y ahora. La vida es ya, es finita, no espera. Una mujer que se atreve —y que se puede permitir— soñar es una mujer que desafía a todo el *statu quo* y que sirve de referente para las demás. Conectar con la individualidad, con la voz propia, con el *para-sí-porque-sí* es una reivindicación feminista de primera clase.

Lo que sí podemos

Creer que podemos conseguirlo todo es tan falso como creer que nada está en nuestra mano, pero antes de proseguir estirando la alfombra de la abundancia para tumbarnos cómodamente sobre ella, he considerado necesario explicar detalladamente por qué nos cuesta tanto encontrar un justo equilibrio entre asumir responsabilidades y otorgar al contexto el peso que merece en nuestros destinos.

El feminismo, entendido como lo que es y no como un reclamo para vender camisetas bonitas —una teoría de la filosofía política con más de tres siglos de vindicaciones a las espaldas, esto es, más de trescientos años de mujeres partiéndose la cara por ti y por mí—, lucha por el cambio colectivo desde el contexto. Así debe ser. La situación de desigualdad de las mujeres en el mundo de ningún modo se debe a una tara de nuestro ADN: no nos falta ambición de base, no tenemos menos dotes de liderazgo, no disponemos de un gen mágico o un cromosoma especial que nos enseñe a barrer bien. La mujer está en la situación en la que está porque el patriarcado así lo establece de acuerdo con la política sexual.

Los hombres, arriba, copan los estamentos de poder y ostentan el poder religioso, económico, social y lo que se te ocurra; y las mujeres, abajo, sirviendo, en su mayor parte, al simple mantenimiento del *statu quo*.

Por eso mi trabajo se torna, en ocasiones, tan complicado. Hablar de psicología y empoderamiento sin hablar de responsabilidad individual supone asomarse a un precipicio del que una corre el peligro de despeñarse si no se anda con sumo cuidado. Nada más desempoderante, por definición, que hacer creer a una mujer que no hay nada que esté en su mano. Pero ¿cómo obviar la realidad del mundo? El techo de cristal no es cosa nuestra, no es una narrativa. Incluso en los casos en los que las renuncias profesionales están teñidas por un halo de decisión racional podríamos discutir largo y tendido sobre el fondo de lo que parece voluntario y, en realidad, responde a la pura educación diferencial que recibimos. ¿Cómo obviar la violencia que la mujer sufre desde que pone un pie en este mundo? Recordemos que la que no tiene poder, tiene miedo, y una no puede crear abundancia desde un lugar que no permite la expansión, desde la pura contracción. ¿De qué abundancia podríamos hablar en situaciones en las que las mujeres viven encogidas y sienten pavor?

La perspectiva de género es necesaria. Los progresos en los últimos cincuenta años han sido mucho menos halagüeños de lo que prometía la lucha feminista y seguimos encontrándonos con los números de la vergüenza con poco que miremos los datos. La brecha sigue existiendo en forma de menores ingresos, más trabajo temporal, más medias jornadas para ellas, mayor precariedad y menos mujeres en los altos cargos. La feminización de la pobreza en el mundo es una realidad y las mujeres lo sabemos. Quizá por ese material filogenético, esa representación impresa en la imaginería histórica de nuestro sexo, no llegamos a olvidar que la pobreza está en cualquier esquina para nosotras. Ese miedo no se quita nunca del todo.

Aún seguimos confiando en los empleos de ellos en los hogares, aún las carreras de ellos son comparadas en nuestras familias con las de nuestros hermanos varones y no con las nuestras, aún seguimos sintiendo que nuestros esfuerzos sirven como un bonito adorno. Pero, en muchos lugares del mundo, las mujeres no pueden acceder al empleo y, en muchos otros, no resulta importante que lo hagan: ya lo pueden hacer ellos.

Tampoco se pueden pasar por alto las desventajas socioeconómicas que sufren las mujeres causadas por la discriminación de género y su doble papel en la sociedad como trabajadoras y cuidadoras. Las mujeres, a menudo, tienen menos acceso a recursos productivos, a la educación y al desarrollo de habilidades y a oportunidades en el mercado laboral que los hombres en muchas sociedades. Pensemos que, en gran parte, esto está causado por las persistentes normas sociales que atribuyen los roles de género, que a menudo tardan en cambiar, y que aún no sabemos si alguna vez lo harán del todo. Además, las mujeres continúan realizando la mayor parte del trabajo de cuidado no remunerado. Todo esto supone un gran peso.

Seamos claras aquí. Hablar de abundancia es, en buena parte —aunque no solo—, hablar de dinero. Sin dinero, no hay independencia y, sin esta, hay miedo y potencial de abuso. Para tener dinero necesitamos un empleo y los datos son consistentes: hoy en día, las mujeres con mayor probabilidad de tener empleo son aquellas más jóvenes, con mayor nivel educativo y sin hijos, y lo obtienen con mayor frecuencia en trabajos de media jornada y del sector terciario (bienes y servicios). Así que se nos quedan muchas fuera.

La centralidad de los cuidados es un tema aparte. Las mujeres siguen encargándose de la mayor parte del trabajo doméstico y del cuidado de personas dependientes —ya sea de forma remunerada o no remunerada—, por lo que también asumen una mayor carga mental derivada de esos trabajos. Por ejemplo, muchas mujeres se han visto obligadas, durante la crisis sanitaria causada por la COVID-19, a abandonar sus trabajos por tener que cuidar de sus hijos, ya que los centros escolares estaban cerrados.

Hablar de abundancia es hablar de libertad y la libertad no depende solo de una misma. Todavía en muchos lugares del mundo las mujeres no son dueñas ni siquiera de sus cuerpos. ¿Cómo puede una escoger lo que quiere en la vida si no puede siquiera decidir, en muchos casos, si va a casarse, si va, o no, a tener hijos, si va a poder interrumpir un embarazo? Si seguimos legislando sobre los cuerpos de las mujeres del modo en que lo hacemos, o si ignoramos la materialidad biológica que ha creado la jerarquía sexual que convierte a las mujeres en una clase inferior, no podremos hacer mucho.

Individuo y contexto

El contexto influye en cada una de las decisiones que tomamos en el día a día. El contexto delimita lo que podremos y lo que no, lo que creeremos que podremos y lo que no podremos por más que queramos. Por eso, recorrer este camino es importante. Entender por qué muchas veces damos un paso atrás y ser capaces de comenzar a dilucidar cuándo nos enseñaron a hacerlo; abrir los ojos y empezar a ver la estrategia tan sádica y sutil que hay tras todo este entramado, libera. Y una bien podría pensar lo contrario.

Hay quien considera que el feminismo victimiza, que subrayar permanentemente la diferencia, hace mayor el problema. Pero es justo lo contrario: el feminismo libera porque pone en contexto a una situación que podría parecer individual y no lo es. Devuelve el conflicto al contexto y nos empuja a no asumir la responsabilidad de aquello que no es culpa nuestra.

Y aquí aparece una nueva dificultad. ¿Cómo avanza una asumiendo su propio esfuerzo, pero sin olvidarse del incesante influjo del contexto? ¿Cómo asume una ciertas responsabilidades en su propio proceso cuando sabe las dificultades con las que se va a ir encontrando por condición de sexo? ¿Cómo navega una con justo equilibrio en el complejo binario individuo-contexto? Esta es la conclusión a la que he llegado tras muchos años de práctica: lo hace con rigurosidad y autocompasión. De nuevo, rigurosidad, por un lado, y compasión con una misma, por el otro. Es quizá una conclusión algo rudimentaria, pero en mi experiencia, revolucionaria. Esto implica coger las riendas de aquello que depende de una y solo de una y revisar los límites de aquello que cree que puede en este mundo. Para ello, hay que entender que esos límites se han forjado en un sistema que no la favorece y agarrarse con fuerza a la idea de hacer lo que esté en su mano. Por ella y por las otras.

Trabajar desde la mujer como persona única, como inevitablemente hago en una profesión como la mía, que exige la intimidad de la conversación y la revisión de la historia del individuo, demanda un alto sentido de justicia y proporción, pero los profesionales de la psicología somos falibles. Alcanzar ese estado requiere de un buen diálogo interno, una conexión con las propias creencias de manera constante. Creo en el poder personal por encima de muchas cosas en esta vida, pero también creo en el azar, en los privilegios, en el historial de traumas, en la fuerza de los sueños. Creo que los miedos, los anhelos, las ambiciones, los deseos, los sueños se forjan dentro de un sistema que no es aséptico y que el gran trabajo de nuestra vida es hacer espacio para nosotras y para todas las que se beneficien de nuestro avance, que es también el de nuestro sexo.

Te invito a que vivas conmigo en este limbo incierto. Es indudablemente más incómodo que el blanco y el negro, la izquierda y la derecha, el individuo o el contexto, pero también es más ajustado a la realidad. Ni todo está en ti ni nada depende del todo solo de lo que tú hagas, pero quédate con algo que siempre repito a las que trabajan conmigo en mis programas: identifica qué está en tu mano y recuerda que todo lo que puedas hacer, lo puedes hacer, que ya es bastante. Con eso puedes conseguir mucho.

Y eso es exactamente lo que vamos a tratar de desanudar en *Abundancia femenina*, así que agárrate y ponte el cinturón, porque vienen curvas.

Universo de posibilidades

Uno de los temas que más me fascinan de todo lo bueno en lo que me enfoca mi trabajo es la creación del universo de posibilidades: aquello que puedes y no puedes, y aquello que crees que puedes y que crees que no puedes alcanzar. Esta definición trasciende hasta la esfera de la identidad. No solo es importante aquello que puedes *hacer*, sino aquella que puedes llegar a *ser*. Se trata de establecer qué pieles podrás habitar y de qué espacio de identidad serás excluida de manera simbólica porque no formó parte de tu horizonte educacional.

En *Feminismo terapéutico* (Ediciones Urano, 2018) teoricé sobre cómo, si imaginásemos quién eres y quién quieres ser y situásemos ambas preguntas en sendos platillos de una balanza, el peso de la segunda siempre introduciría una leve desviación. Es decir, la persona que quieres ser acabaría por marcar la dirección de todo —tus pensamientos, tus emociones, tu conducta— y por impactar inevitablemente en la que ya eres; por esa razón, es importante no solo conocer a fondo a la de ahora, sino también a la de después.

Estaremos de acuerdo en que para llegar a conseguir algo no basta con querer. Pero también lo estaremos en que para conseguir algo hace falta quererlo, desearlo, creer de algún modo que esa posibilidad existe para una. Ya hablaremos más adelante de la importancia que tiene la esperanza como vehículo para la acción —si una no cree que las cosas pueden mejorar, muy difícilmente va a dar los pasos necesarios para que mejoren—. Con el universo de posibilidades ocurre algo muy parecido; eso que conforma nuestro universo de posibles y que, de alguna manera, coincide con el imaginario colectivo que hemos creado es precisamente el sustrato previo a nuestras decisiones y nuestras acciones. Parémonos un segundo a pensarlo. Si yo creo que algo es posible, tengo más posibilidades de movilizar recursos y hacer algo. Si yo creo que es imposible, lo más probable es que no haga el más mínimo esfuerzo por mover un dedo.

Durante los primeros meses de 2020 escribí un artículo, fruto de un pequeño ensayo titulado «Feminist Psychology: a Narrative Perspective in Coaching», que preparé durante mi tiempo como estudiante de Coaching Psychology en Londres, y que se publicó en el número de agosto del año pasado en la *Transpersonal Psychology Review*, una revista perteneciente a la British Psychological Society. Mi artículo, aquí abajo traducido al castellano, comenzaba diciendo lo siguiente:

«Gloria Steinem, la mundialmente reconocida líder y portavoz del movimiento feminista estadounidense en los años sesenta, afirmó que, sin saltos de imaginación o sueños, perdemos la emoción de las posibilidades. "La esperanza, después de todo, es una forma de planificación". La imaginación, desde esa perspectiva, es el fuego que enciende las posibilidades, lo que somos y lo que es aún más importante: en qué nos podemos convertir.»

Pensemos que las imágenes colectivas, el marco cognitivo que dibuja los bordes invisibles de las posibilidades, están formadas por historias. Como seres humanos, incorporamos permanentemente historias de nuestros entornos; del macro y microsistema que nos rodea; de nuestras familias y nuestros amigos, de la escuela, de nuestros héroes y villanos y las personas que admiramos o detestamos; también de los modelos que se espera que sigamos, de la sociedad, en general, e incluso de toda la ficción que consumimos —libros, películas o exhibiciones—. Estas historias se cuentan y se vuelven a contar hasta tal punto que terminan por moldear nuestra experiencia de quiénes somos y quiénes podemos llegar a ser, y no solo eso, también de quiénes no podemos llegar a ser. Influirá en las profesiones que nos sentiremos con derecho a perseguir, las conductas que se aceptarán de nosotras, el rango de las emociones que se supone que deberemos sentir y cómo podremos manifestarlas en una u otra circunstancia.

Empecemos por dejar un punto claro: la experiencia de ser mujer en una sociedad patriarcal es universal. Hay ciertos puntos que se repiten sistemáticamente en todas las culturas (desde el estilo de liderazgo hasta la violencia doméstica, desde la brecha salarial de género hasta los problemas de imagen corporal que recaen predominantemente sobre nosotras). No hay coincidencia en la idea de que existe un dictado social que afecta y limita no solo lo que hacemos, sino lo que podríamos hacer, y que es infundido de forma lenta y segura, pero que opera de manera diferencial en hombres y mujeres a través de la socialización de género. Este proceso impone un conjunto de reglas y expectativas que nos afectarán: gustos y disgustos, la anulación de ciertos sentimientos por encima de los demás (la ira, para las mujeres, la empatía, para los hombres), y la cantidad y el tipo de oportunidades que se le brindan a una persona de acuerdo con su sexo.

Supongamos que la identidad es una construcción social. Desarrollamos un sentido de quiénes somos como individuos no en una burbuja, sino dentro de los parámetros del contexto en el que vivimos, y dicho proceso comienza desde una edad muy temprana. Este sentido del yo determina directamente nuestro universo de posibilidades; tanto el paisaje de la conciencia, como el paisaje de las acciones. Es decir, el plano simbólico y el plano real.

El feminismo, en este sentido, funciona como un marco desde el cual podemos comprender mejor la experiencia universal de lo que realmente significa ser mujer. Es la lente desde donde podemos analizar con mayor precisión la dinámica de poder de la cultura en la que vivimos y el impacto que produce en las elecciones y el desarrollo de las mujeres. El feminismo nos ayuda a comprender cómo nos narramos como mujeres y los resultados que producen esas historias que asumimos y que terminamos personificando en nuestros propios cuerpos.

Ninguna disciplina puede ni debe saltarse el asunto del género. Por lo tanto, ninguna intervención resultará efectiva si pasamos por alto la realidad de que las mujeres y los hombres están socializados de distinta manera y que es esta socialización diferencial lo que eventualmente determinará el tipo de sueños, esperanzas y oportunidades que una clienta puede traer a nuestras sesiones. Este compromiso de comprender cómo nuestras clientas construyen y reducen su universo de posibilidades tiene implicaciones tanto individuales como sociales, y más aún desde una perspectiva ética. Los profesionales de la psicología y el coaching deben esforzarse por ser sensibles al género y a la cultura, ya que es probable, o más bien es seguro, que nuestra práctica esté influenciada por la cultura, los valores, los prejuicios, la experiencia del privilegio, el desempoderamiento y la opresión.

En eso consiste mi trabajo, o así es como lo entiendo yo. Como profesional, mi compromiso como divulgadora es el de equipar a mis clientas con toda la información necesaria para dar esos saltos de imaginación, porque soñar, como ya había dicho Steinem, es esa primera forma de planificación que necesitamos para cerrar la brecha entre el yo presente y el yo ideal, entre el ahora y el futuro, entre el quiero y el puedo, entre el creo y el no creo.

Pero hay más. Pensemos en la construcción del yo dentro de una sociedad patriarcal, y, para eso, parémonos primero a definir *patriarcado*, que no consiste más que en una sociedad controlada por hombres en la que estos usan su poder para su propio beneficio. Este poder sostenido por los hombres influye en el liderazgo, la autoridad, el estado financiero y el privilegio social, y en básicamente todos los pormenores que influyen en la vida de hombres y mujeres.

Este sistema afecta de manera diferente a hombres y mujeres y actúa de manera invisible, atribuyendo a menudo a la biología las diferencias extremas que justifican la polarización de los sexos y las ventajas del uno contra el otro, del *ellos* sobre el *nosotras*. Ojo, no seré yo una negacionista ni diré que la biología no contribuya de forma fundamental a las diferencias objetivas que podemos encontrar entre los sexos, pero la exageración de estas se explica muchísimo mejor como consecuencia de un factor distinto, que a estas alturas ya probablemente conoces: la socialización de género.

El término *patchwork identity*, que traducido es algo así como identidad de mosaico, me ha parecido siempre interesante. Se usa para reflejar la idea de que, dependiendo de nuestro contexto, nos creamos y construimos de varias maneras. Somos literalmente personas diferentes dependiendo de las influencias que el entorno tiene sobre nosotras: los recién nacidos se *convierten* en niños y niñas a través del trabajo de socialización, que los afecta de maneras completamente diferentes. Ya lo has oído antes: «Yo soy yo y mis circunstancias».

La socialización es un concepto común en los campos de la sociología, la educación y la antropología, así como en la psicología, donde la usamos para describir los procesos por los cuales los individuos aprenden los comportamientos, las normas, las creencias e ideologías necesarias para una participación competente en la sociedad. La socialización se utiliza para explicar tanto la conducta de los individuos (cómo las personas se convierten en miembros exitosos de una sociedad), como las condiciones sociales (cómo se continúan las prácticas sociales, políticas y culturales).

Hablar de creación de un universo de posibilidades es necesariamente hablar de socialización. Somos socializadas a través de nuestros entornos —familia, escuela, ficción, medios de comunicación—, que a través del proceso de contar y volver a contar sus historias crean y refuerzan lo que se convertirá en nuestras propias narrativas. De modo que la socialización es el origen del comportamiento apropiado, la interacción social, el autocontrol, las elecciones éticas, las ideas políticas, la identidad, los roles de género y la forma en que simplemente nos comportamos en el mundo. Desde la perspectiva de mi profesión, la socialización es un término fundamental, ya que es la base desde donde se construirán los sueños, esperanzas y aspiraciones de mis clientas. Es donde vamos a crear los altos muros del universo de posibles.

Ten algo en cuenta. La masculinidad y la feminidad no son innatas, a los niños se les enseñan estos rasgos. Tan pronto como se identifica a un bebé como varón o hembra, la sociedad en su conjunto comienza con el proceso, a través del cual se crean diferencias. Los niños y las niñas aprenden a moverse a través de su género por el mundo y su entorno los refuerza. A medida que crecen, desarrollan su identidad, aprenden a interactuar con los demás e interiorizan el papel que deben desempeñar en la sociedad, dependiendo de si están socializados como hombres o mujeres.

Este proceso construye y desarrolla su universo de posibilidades: a las mujeres pronto se les enseñará a jugar con muñecas y a enorgullecerse de la atención temprana hacia los demás, mientras que los niños serán predominantemente orientados a centrarse en tareas en lugar de en emociones. Ya lo he explicado antes: mientras a los hombres se les reforzará que pongan en el centro de su existencia su autorrealización, a las mujeres se les premiará el cuidado de terceros, niños y mayores.

Vamos a parar un momento aquí para explicar algo que tal vez no está siempre claro. En este punto, creo que es importante aclarar la diferencia entre los conceptos de sexo y género. El sexo se refiere al conjunto de características físicas y biológicas genéticamente definidas que determinan si un ser humano es hombre o mujer. Los cromosomas sexuales y los factores fenotípicos son aspectos clave de la asignación sexual de un ser humano.

El género, sin embargo, como es una construcción estrechamente relacionada con el sexo porque no se asigna de manera arbitraria, sino en bloque (hombre-masculino, mujer-femenino), es un asunto más complicado. El género cubre una serie de roles, comportamientos y atributos socialmente construidos que se consideran apropiados para una persona según su sexo biológico. Estas construcciones sociales están tradicionalmente vinculadas a las categorías de hombre y mujer. El contexto social, cultural y espacial-temporal son factores determinantes en la definición de género y, actualmente, la posibilidad de elegir el género o la existencia de más de dos se han convertido en temas de debate muy candentes, así que veamos.

El género es la percepción social que una persona tiene de lo que es apropiado en relación con su sexo biológico, su orientación sexual y otros aspectos de su identidad. Esta percepción está determinada por el contexto social y cultural, así como por las características biológicas y psicológicas de un individuo. Las características que determinan lo que es ser un hombre y una mujer varían en el tiempo y en el espacio (entre culturas o sociedades), aunque en el fondo se mantienen relativamente estables. Por lo tanto, el género es fundamentalmente una construcción social: un producto basado en prácticas sociales y reglas que varían menos de lo que creemos de una sociedad a otra. Para ser clara: el género oprime en tanto en cuanto limita el libre desarrollo de la personalidad.

El yo como construcción social está conformado por un intercambio activo con el contexto social y la sociedad en su conjunto. En un discurso verbal, constituido por palabras que atribuyen y generan significados y significantes, la persona está llamada a salvaguardar sus construcciones personales del mundo en relación con los demás y también tiene que adaptar esta percepción de acuerdo con la estructura de poder dominante. La existencia de un imaginario colectivo sobre los estereotipos de género, que difiere entre las culturas, pero no tanto en el fondo, ha demostrado que el sentimiento de pertenencia a un sexo u otro va acompañado de creencias sobre lo que se considera masculino y femenino.

Si la socialización de género es el proceso por el cual los niños aprenden las expectativas sociales, actitudes y comportamientos típicamente asociados con los niños y con las niñas, al replicarlo, reforzamos un sistema basado en la opresión y el privilegio. Esto es así de simple. En ese sentido, es fundamental comprender que la socialización de género apunta a mantener el orden social, a conservar una cierta homeostasis. A través de la socialización, las personas adquieren identidades diferenciadas que involucran estilos cognitivos, comportamentales e incluso actitudinales: códigos morales y normas estereotípicas del comportamiento asignado a cada género. A lo largo de la vida, escuchamos la repetición de diferentes mensajes de socialización para cada sexo que terminan siendo internalizados e incluso convirtiéndose en una profecía autocumplida. Estos mensajes provienen de todos lados. Desde el sistema educativo a la familia, los padres, los hermanos, los medios de comunicación, las redes sociales, la sociedad en su conjunto, tienden a asociar la masculinidad con el poder, el raciocinio, la capacidad analítica y la vida pública; y la feminidad, con aspectos de la vida privada, lo doméstico, las jerarquías de dominación y subordinación. Así es como, poco a poco, se va forjando un mensaje que se recibe como androcéntrico, en el que lo masculino siempre tendrá un valor superior, una mayor deseabilidad social y un estatus marcadamente superior que lo femenino.

Hemos visto como el sistema patriarcal crea narrativas sobre posibilidades personales que excluyen una comprensión completa de lo que es para una mujer vivir en un contexto opresivo. Los enfoques liberales e individualistas de lo que conocemos como *radical ownership* (en inglés) —que viene a significar que el cliente se hace cargo por completo de su responsabilidad— y que tan extendidos están en la cultura del *coaching*, carecen de la compasión necesaria al otorgar un peso excesivo a las elecciones personales en la consecución del futuro éxito. Lo mismo ocurre con el fracaso.

El universo de posibilidades de una mujer, es decir, todas las opciones que percibimos como accesibles, se crea, poco a poco incorporando dentro de una misma las historias, las palabras y los significados particulares de lo que una mujer debe y no debe hacer. Las esperanzas y los sueños a los que pueden y no pueden aspirar, los gustos y disgustos; las carreras, posiciones y espacios que una mujer puede, o no, ocupar están determinados por este universo de posibilidades que se forma a través de la socialización, más particularmente, de la socialización de género.

¿Quiere eso decir que, una vez alcanzada la mayoría de edad y una vez apilados unos encima de otros los ladrillos del alto muro de nuestras posibilidades, no hay nada que podamos hacer al respecto?

¿Deberíamos entonces entender que, una vez socializadas, ya lo tenemos todo escrito?

Espera un poco, que seguimos.

Psicología del deseo

¿Por qué la abundancia no nos es propia?

Si en algo hemos sido educadas es en agradar, en no molestar, en sostener una estudiada posición que no afronte a nuestro compañero ni incomode a los demás. Una buena mujer ha de ser humilde y mantener las formas. Ha de sentarse con las rodillas juntas, aspirar a lo justo para no suponer una amenaza para el ego de sus compañeros masculinos, contentarse con ocupar un insuperable segundo plano. Ha de conformarse con ser un bonito acompañamiento al éxito de sus esposos, la directora ejecutiva de las tareas familiares; la eterna primera dama, una exitosa administradora de operaciones de su propio hogar.

De la mujer se espera feminidad. Me corrijo. Quiero decir... a la mujer se le prescribe feminidad: obediencia, docilidad, agrado, belleza según ciertos cánones —pero nunca demasiada, no se pongan muy creídas—; se la espera ordenada y laboriosa, sexual e infantil según el registro en el que se encuentre; icono, objeto visual, musa y jamás artista, siempre objeto y no sujeto. Espabilada, pero no lo suficientemente cultivada como para resultar un fastidio. De nosotras se exige el formato multitarea, la intuición femenina, el instinto maternal, la operación bikini y las otras mil artimañas del patriarcado para no subvertir el orden y que de una vez hagamos tambalearse el sistema en el que vivimos.

Si a alguien le parece que describo a la mujer de los cincuenta y que las cosas han cambiado tanto que difícilmente podríamos seguir mirándonos en ese espejo, le diré dos cosas.

La primera es que recuerde que su posición privilegiada podría no ser compartida por el resto de las mujeres de este mundo. Entre doce y quince millones de niñas menores de dieciocho años son forzadas a casarse cada año. Según Unicef, ciento veintinueve millones de niñas en todo el mundo no van a la escuela. Lee otra vez, por favor: ciento veintinueve millones. Se estima que el treinta y cinco por ciento de las mujeres en todo el mundo han experimentado violencia física o sexual por parte de la pareja íntima, o violencia sexual por parte de una persona que no es su pareja (sin incluir el acoso sexual) en algún momento. Sin embargo, algunos estudios muestran que hasta el setenta por ciento de las mujeres ha sufrido violencia física o sexual por parte de una pareja.

Pero hay más. No seré yo quien diga que la lucha por las liberaciones femeninas no ha surtido efecto y que nos encontramos exactamente en el mismo punto en el que nos encontrábamos decenios, o incluso siglos atrás, pero no caso con el optimismo complaciente. Primero, porque nos relaja en exceso y eso no nos conviene —te invito a releer las cifras de más arriba una vez más— y segundo, porque nos ofrece una imagen que no es real. Por favor, abre un rato Twitter. Pasea por las galerías de Instagram. Si la mística de la feminidad no sigue presente, que venga Betty Friedan y lo vea. El mismo perro con diferente collar, pero lo doméstico —el orden, la comida, la crianza, la casa— sigue siendo nuestro y solo nuestro.

Puede que hayas oído hablar sobre el término *ambition gap* o brecha en ambición, que supuestamente se observa en las mujeres con respecto a los hombres. Según esto, las mujeres comenzarían sus carreras con puntuaciones relativamente similares a los hombres en lo que respecta a la ambición y verían como sus puntuaciones se separan drásticamente tras la llegada de la maternidad. Pensemos en cómo se ha articulado la feminidad y lo que para *ella* implica querer conquistar las altas esferas en comparación con lo que le supone a *él*. Existe la percepción de que la ambición no es una virtud para las mujeres y, por lo tanto, es inapropiada para nosotras. Las presiones sociales hacen que el matrimonio sea un objetivo más importante para las mujeres jóvenes, con todo lo que eso conlleva. La constante necesidad de hacer malabarismos con las prioridades personales y profesionales disminuye el deseo de avanzar y de procurarse una mayor responsabilidad en el trabajo.

A estas alturas te estarás preguntando por qué este libro se llama *Abundancia femenina*, si en lugar de abundancia parece que hablemos justo de lo opuesto. En tu lugar, yo haría lo mismo. Se supone que deberíamos estar hablando de cómo ser más, cómo creer que merecemos más, cómo aspirar a más. Confía en que vamos por ese camino, pero confía también en que para continuar por ahí antes necesitábamos entender lo que ocurre fuera. Cualquier persona que sepa lo mínimo de psicología habrá de estar de acuerdo conmigo en esto: el contexto es parte fundamental de las leyes que gobiernan la conducta. Sin las contingencias que nos vienen desde afuera y que juegan un rol fundamental en el aprendizaje y el condicionamiento, no hay explicación justa. Una toma decisiones sobre qué quiere en la vida desde la burbuja de cristal invisible que la rodea, una decide quién podrá llegar a ser, qué teléfono comprará, qué tamaño tendrá su casa o cómo de alto será el puesto que desempeñe en la cima de su carrera desde la óptica concreta del peculiar espacio que habita. Ninguna decisión aparentemente individual y racional es impermeable a la cultura en la que se desenvuelve.

Pero hemos dicho que vamos a hablar de abundancia y primero querría que comenzásemos a desenmarañar los significados que recoge este término. Hablar de abundancia es hablar de deseo; de crear más desde el lugar de la voz propia, de la propia querencia, de la conexión íntima con el propio anhelo. No hay abundancia que pueda estar desconectada del *yo quiero*, puesto que en nada es abundante algo que para mí no importa. Abundancia implica diluir los límites de lo que una considera que está reservado para ella en todas las esferas posibles: espiritual, social, económica, laboral, onírica y aspiracional. Conlleva tomar conciencia de qué es una gran vida y estar dispuesta a poner los medios para conseguirla *porque me lo merezco, porque puedo, porque quiero*. Puede tomar la forma de paz de espíritu, calma, tranquilidad. También de riqueza en sus acepciones más obscenas: aprender a sentirse merecedora sin culpas también es parte del proceso. Abundancia es libertad, ausencia de miedo, hacer el trabajo de alinearse con lo que a una de verdad le importa. Una mujer que vive en su abundancia es una mujer con privilegios, eso seguro, pero también una mujer que lucha por lo que quiere, por lo que sabe que merece, y es una mujer que sabe que a veces hay cosas que están en sus manos para conseguirlo.

Cuidado con este asunto. Cuidado con disculparnos y atribuir todo a la suerte, porque no hay nada más *femenino* que la falsa modestia, que la atribución total o parcial de nuestros logros a los arbitrarios agentes externos. Dime que lo has visto como lo he visto yo tantas veces. Dime que has pecado de esto como he pecado yo tantas veces. Cuando alguien felicita a una mujer por sus éxitos, por los justos frutos de su incesante trabajo, esta dice: «no habría sido posible sin...» (rellena este hueco). No habría sido posible sin tu duro trabajo, eso tenlo claro.

Tras esto subyace el síndrome del impostor, del que habrás oído mucho y muy probablemente lo habrás vivenciado alguna vez en carne propia. El concepto del fenómeno del impostor se utiliza para designar una experiencia interna de *farsa intelectual*, que parece ser particularmente frecuente e intensa entre las mujeres que muestran un alto rendimiento. Ciertas dinámicas tempranas familiares, el patriarcado y los estereotipados roles sexuales parecen contribuir significativamente al desarrollo de esta experiencia, por la que, a pesar de los sobresalientes logros académicos y profesionales, en las mujeres persiste la creencia de que muy en el fondo la realidad es que no son brillantes, de que han engañado a las que piensan lo contrario y que en algún momento cualquiera las podría descubrir. No hay datos que puedas poner frente a una mujer que sufra del dichoso síndrome que la convenzan de lo absurdo de su teoría, porque al final no es un tema de evidencia, sino de merecimiento, de creencia en la propia valía.

La sociedad, como veremos en el siguiente punto, trata de manera diferencial a hombres y a mujeres en altos cargos y, asumiendo que la discriminación se internaliza, porque lo que es fuera lo es dentro, las mujeres que ostentan determinadas posiciones o que han conseguido numerosos éxitos laborales se enfrentan con esta sensación que responde al principio que en *Feminismo terapéutico* recalqué párrafo tras párrafo: el síntoma, en muchas ocasiones, pertenece al contexto.

A veces, no nos creemos capaces y, en otras ocasiones, simplemente no sabemos reconocer el éxito ni cuando lo tenemos justo en frente. Por eso, mención aparte la merece el agradecimiento. Hablaremos más de esto, pero recordemos desde ahora que crear abundancia es trabajar desde el agradecimiento. Sin él, no existe la primera, porque no la reconocemos. Trabajar desde el merecimiento sin agradecer es esperar toda la vida con brazos abiertos sin saber reconocer lo que ya estamos sosteniendo. Podríamos seguir pidiendo y pidiendo y nunca llegar a ser felices durante el proceso. Por eso, abundancia es más camino que meta, más *Faro* que casilla de llegada, en el punto más alto de una montaña empinada. Tenemos que creer que podemos conseguirlo, aceptar que lo merecemos y estar lo suficientemente preparadas para, cuando ocurra, saber verlo.

Pero a veces vivimos en tal ciclo de escasez que no sabemos creerlo, aún menos pedirlo, y de ninguna manera creemos merecerlo. Las mujeres somos expertas en escasez porque hemos sido preparadas para ello. Empezamos con la alimentación y acabamos por acostumbrarnos a restringirlo todo: nuestro dinero sigue siendo *pocket money* en muchas familias, poco más que para nuestros gastos; nuestras carreras, secundarias respecto a nuestros grandes proyectos vitales, que aún son el matrimonio, la maternidad y el cuidado del otro. Pero ¿cómo se persigue una vida abundante si los proyectos que nos deparan son centralizados en el cuidado del otro? ¿Hay acaso abundancia en la sombra?

Llevamos con el corsé tantos siglos que me pregunto qué sentiremos cuando nos lo desatemos de una vez. Siento que, lo que comienza como una aparentemente inocente restricción de los elementos o la cantidad de aquello que conforma nuestra dieta, se acaba por convertir en un hambre constante que no llegamos a saciar nunca. Puede ser el agujero de la ambición que muchas mujeres sienten que necesitan acallar tras la maternidad, o el insaciable apetito sexual de aquellas que nunca han podido sentirse libres en su piel, que siguen necesitando mostrarse al mundo y ante ellas mismas desde los esquemas que impone la casta feminidad, mientras seguimos inmersas en un patriarcado que nos envía constantes mensajes conflictivos: mantente consumida, pero comiendo lo que quieras, porque no queremos verte amargada (¡sonríe!); destila apetito sexual, pero solo si tienes determinada edad y determinado arquetipo físico y, sea como sea, cuida las formas; no muestres pobreza, pero cuidado con parecer sobrada, no alardees de tu fortuna, en caso de tenerla, porque bien podrías incomodar a alguien.

Tal es el conflicto del mundo con la abundancia de las mujeres que nosotras acabamos por asumir que este es el orden natural de las cosas. El primer paso consiste en aprender a desear y sacarnos el corsé para tomar una buena bocanada de aire fresco; en desbloquear la cerradura de lo que queremos, ser capaces de cerrar los ojos y encender la chispa de lo que nos hace felices, lo que nos calienta las tripas, lo que supondría para nosotras la mejor vida posible. Abrirle la puerta al deseo. En él está el principio de todo. No quisiera que pensases que no podemos hablar de abundancia si lo que quieres es retirarte a una granja con tres pollos. No necesitas ser la siguiente directora general de Coca-Cola para hacer tuyo todo este proceso. Yo misma tengo poca intención de subirme a la carrera corporativa o de dominar el mundo. Tener a más mujeres en las altas esferas va a entrenar el ojo y con ello a cambiar las rígidas reglas del imaginario colectivo, pero cualquier mujer que persiga sus sueños va a hacer, de una u otra manera, el mismo camino para ella y para las que sean testigos de su proceso.

Pero para saber qué deseas, para saber qué quieres hacer, primero tienes que saber quién eres. Y eso comporta sus riesgos.

Los peligros del autoconocimiento

Mucho se habla de la importancia del autoconocimiento y muy poco de los muchos peligros que, malentendido, este proceso comporta. Hablar de cómo conocernos a nosotras mismas, cómo acercarnos al concepto de nuestra propia identidad podría llevarnos por un camino empedrado. Hablar de *self* es hablar de identidad, y querría detenerme para ilustrar en unas líneas cómo has construido tu identidad como mujer dentro de un sistema patriarcal y cómo la psicología narrativa, tal y como antes hemos visto, nos sirve para explicar buena parte de este proceso.

A veces, siento que los psicólogos hemos hecho mucho daño poniendo tanto empeño en esta tarea sin alertar de sus peligros. Autoconocerse es una labor tan compleja, tan enorme, tan inabarcable bien mirada de cerca que, sin instrucciones, sin asteriscos y sin aclaraciones podríamos obtener el resultado contrario y vernos finalmente constreñidas por etiquetas y reglas simbólicas, encontrarnos perdidas en las derivaciones de nuestras propias mentes.

Subrayamos con frecuencia la importancia de autoconocerse, de entenderse, de autodescubrirse, sin explicar exactamente cómo funciona el proceso, para qué sirve y para qué no,

y cómo, al fin y al cabo, perdernos en todo esto puede llevarnos por una senda, como os comentaba, peligrosa.

Pero comencemos por el principio. Hablemos un poco
de la identidad. Con los años de profesión, le he cogido
cariño a la costumbre de explicar este concepto como una
huella. Déjame que me explique un poco. Imagina por un
momento que pudiéramos abrir la cáscara que recubre nuestra cabeza, el cráneo, y nos topásemos de bruces con la imagen de nuestro cerebro, que convendremos en que es único.
Huelga decir que esta es una metáfora y una explicación
quizá algo peregrina basada en símbolos, porque las diferencias individuales van a estar más fundamentadas en neuroquímica que en diferencias estructurales, claro, pero imaginemos que pudiésemos ver la huella que han producido
todas nuestras interacciones, toda nuestra historia particular, en nuestro cerebro.

Supongamos que aquel primer beso que nos dio alguien en
aquel portal escondido del pueblo en las vacaciones de verano
es ese surco del final a la izquierda, aquella película de Marion
Cotillard con la que tanto lloraste está justo por aquí debajo.
Esa hendidura de más allá que, a medida que te acercas parece
profundizar en su relieve, corresponde al susto que te llevaste
un mes que se te retrasó la regla, o las noches sin dormir por la
enfermedad de alguien a quien quisiste mucho. Digamos que
todo aquello que produjo en su momento un impacto en tu
cerebro sigue ahí, no se ha ido a ningún lado. Como ráfagas de
viento que han ido moldeando las dunas de tu propia playa, los
surcos de tu propia historia. Todo ha impactado y ha ido mo-
delando la forma de la huella que es tu identidad, es decir,
quién eres tú, que eres diferente a cualquier otra persona del
mundo. Y esto hay que pararse un momento a digerirlo: no ha

existido absolutamente nunca nadie que sea absolutamente igual que tú. Tu playa no es como la de nadie.

Habría que hacer aquí un pequeño salto en el camino para explicar algo que tal vez no sabe todo el mundo. En el cerebro no existe el sistema del borrado. Existe el olvido, que es otra historia, que está más relacionado con procesos atencionales y de recuperación, pero a lo que vengo a referirme aquí es a que una no puede borrar, no puede presionar el botón de borrado y hacer desaparecer el material de la papelera de reciclaje cuando le plazca. Por más maravilloso que pudiera ser esto, a veces, ¿no te parece? Si has visto la película *Olvídate de mí*, dirigida por Michel Gondry y protagonizada por Jim Carrey, ya sabes a lo que me refiero. Pero lo que quiero explicarte es que lo que ha tocado tu sistema nervioso, ahí se queda. Por eso es tan importante tomarse en serio, en la que medida de lo que de ti depende, a qué expones tu cuerpo y tu mente.

Pero este símil no está exento de limitaciones. Imaginar la identidad como una huella es muy acertado siempre y cuando una entienda que esta es una señal hecha de material puramente orgánico, que está viva, que se mueve, es decir, que está en permanente cambio. La mujer que comenzó hace unas líneas a leer estos párrafos es, en sustancia, una mujer diferente a la que mira estas palabras ahora. Esa mujer sabe cosas que no sabía antes, y esas nuevas creencias se han asentado sobre las previas, han hecho espacio, han modificado ciertas conexiones, han afectado las relaciones de información anteriores, las generalizaciones, los heurísticos, su manera particular de entender el mundo. Estas nuevas reflexiones han remodelado el aspecto de su huella, aunque solo sea un poco, una pequeña brizna de aire sobre su duna, que ahora es inevitablemente distinta. Y esto no quiere decir que ahora sea otra persona, aunque un poco sí. Lo que en realidad quiere decir que, con cada pequeña interacción, con cada nueva ventana al mundo en la que toca nuevas experiencias, es un poco más esto y un poco menos lo otro; que cada cosa que le ocurre, cada sonido que escucha, cada sabor que prueba, la vuelve más única, acota las posibilidades de lo que significa ser ella, porque la combinación exacta de todas esas cosas que le han pasado a ella se van a haciendo más peculiares, más específicas de ella, de su propia huella, de su *self*.

Por ese motivo, la idea de creer que existe tal cosa como el autoconocimiento, te decía, es peligrosa. Y lo es porque de alguna manera sugiere que el concepto de identidad es algo relativamente estático. Por eso creo que, en ocasiones, los profesionales del desarrollo personal y de la psicología hacemos más mal que bien recalcando su importancia. Muchos cursos, muchas aproximaciones a ciertas terapias dejan fuera este concepto de la identidad como algo en permanente cambio. Y no es que hablar de encontrarte a ti misma sea una mala idea. No es que eso sea mentira, es solo que es una verdad incompleta. Ahora ya sabes por qué es incompleta; porque mientras leías esa frase no habías interiorizado aún esta nueva, y ahora eres una persona un poquito diferente de la que eras hace solo unos segundos.

La idea del autoconocimiento es peligrosa porque nos da a entender que somos una serie de cosas y no otras, lo que —y estarás de acuerdo conmigo— afecta directamente a la percepción de la posibilidad (la gran autopista en el camino a la abundancia); imagina las consecuencias que esto tiene. Lo que eres, lo que crees con firmeza que eres, establece las bases de quién crees que podrás ser. Pero en este momento quiero apuntar un tema fundamental, porque me gusta pensar en qué estarás cavilando mientras lees estas palabras y, así, poder adelantarme. Dirás: «María, todo esto es genial, pero hay cierta verdad en entender que somos una serie de cosas y no otras». Por ejemplo, es verdad que soy psicóloga y no marinera, surcadora de mares. Cuando os hablo de esa peligrosidad, os hablo de los riesgos de apegarse en exceso a esas narrativas, de cogerle demasiado cariño a esas descripciones actuales, estáticas, de facto, que se suponen que son cada una de nosotras, de esas etiquetas que se han convertido en nosotras mismas. Es mejor no creérnoslas demasiado y ser capaces de cuestionarlas; separar el libro de la cara para ver con más claridad sus líneas.

Piensa que algunas de estas etiquetas comportan más peligros que otras. Si me dices que eres poco disciplinada, que tienes tendencia a la dispersión o que, en tu opinión, tienes una personalidad adictiva, te pones en una predisposición real para que estas narrativas se conviertan en tendencias sólidas, incluso, a veces, en excusas que crees a pies juntillas, y obviarás la evidencia que se te presente en su contra o las posibilidades de comportarte de manera distinta.

Pensemos que la identidad, entendida en términos narrativos, es un constructo social. Esto quiere decir que no llegamos a desarrollar un concepto de quiénes somos metidas en una burbuja, aisladas del mundo y de nuestro entorno, sino que generamos narrativas que cuentan quiénes somos dentro de un contexto social, es decir, en interacción con otros y con el sistema. Integramos historias que oímos del sistema dentro de nuestra idea de nosotras mismas, asumimos los modelos de conducta que aprendemos de la ficción que consumimos o de las historias de nuestra familia. Todo aquello que nos acontece a nosotras mismas acaba por conformar la idea que sostenemos de quiénes, en realidad, somos.

En un episodio de mi pódcast, *El pódcast de María Fornet*, traté de explicar esta idea con el siguiente ejemplo. Imaginemos que solo tuviese acceso a la literatura inglesa de los siglos XVIII y XIX, que por algún extraño motivo viviese en una burbuja y no pudiese disponer de más información o de lecturas contemporáneas. Siendo ese el caso, la idea de lo que implicaría ser mujer sería probablemente muy diferente a la que hoy en día tenemos. Por otro lado, la manera en la que yo me cuento a mí misma y te cuento a ti quién soy también es una narrativa. Para narrarme, escojo determinados hitos que en conjunto orientan tu percepción —y la mía— de quién soy yo. Probemos: si te cuento que gané un concurso de poesía a los cuatro años, que a los dieciocho ya había escrito más de quince diarios y que participé en el periódico del colegio, la narrativa de que soy escritora se verá reforzada. Pero imagina que elijo contarme y contarte otros puntos de inflexión. Por ejemplo, que me expulsaron del colegio a los doce, que cambié de carrera tres veces o que ya llevo dos divorcios —ninguna de estas historias es cierta, pero podrían serlo—. Estas dos versiones que os he contado son compatibles y ambas podrían fácilmente coexistir en una persona, pero una puede estar más presente que la otra y afectar la manera en la que nos entendemos a nosotras mismas. Prueba a hacerlo contigo misma y observa la diferencia.

Y este es el punto al que quería llegar con todo este razonamiento. Estos son los peligros del autoconocimiento si una no sabe a qué nos referimos con autoconocerse. Llenar el *self* de etiquetas rígidas constriñe la posibilidad, la limita, la empequeñece. Nuestro universo de posibilidades, las cosas que podemos ser y que podemos alcanzar, se basa en buena parte en esta idea de lo que ya somos, del sitio del que partimos. A mí nunca se me ocurriría pensar que puedo ser astronauta, no está en mi pensamiento, en mi escenario visual, no existe dentro de mis referentes, de mis gustos, de lo que considero que está en mi círculo y en mi zona de desarrollo próximo. No está en mi universo de posibilidades porque se encuentra demasiado lejos de donde estoy hoy en día, no hay andamiaje posible ni zona de desarrollo próximo.

En este momento, me gustaría que te parases un segundo a pensar en cómo ser mujer es un eje transversal a todo esto, que condiciona toda nuestra experiencia de principio a fin. Dentro de un sistema patriarcal, la construcción de lo posible se torna compleja cuando pronto has entendido la prescripción de conducta que te hace el llamado de la feminidad, cuando todo un sistema te ha dicho muy pronto lo que espera de ti por ser mujer y lo que no está reservado para otras mujeres más allá de la dinámica de las excepciones —es decir, esas cosas que consiguen las mujeres dentro de ciertos mundos tradicionalmente masculinos y que nos recuerdan que son mujeres excepcionales, que no son como *las otras*—. Habíamos hablado de cómo se construye la identidad a través de las narrativas que embebemos del contexto. Piensa una vez en la ficción, de la que como escritora de novelas me es imposible desapegarme, para un momento a pensar en cómo los roles de género que aprendemos en la educación en nuestras familias, en la televisión, en las series, se convierten en historias que nos contamos a nosotras mismas de aquello que podemos y no podemos ser. He utilizado la palabra prescripción con absoluta intención hace solo unas líneas: no es solo una expectativa, es un mandato el que nos hace la socialización de género. Todo esto nos recuerda de manera constante qué se espera de nosotras siendo mujeres, a saber, ser agradables, no hacer mucho ruido, ser vistosas, mantener la atención de nuestro hombre, cumplir con nuestro destino biológico, casarnos, tener hijos. ¿Y creemos de veras que esto ha cambiado mucho? ¿Que las cosas han cambiado tantísimo desde los siglos XVIII o XIX en todos los lugares y para todas las mujeres? ¿Creemos que esto no sigue oculto en la base pudriendo las raíces que tratan de agarrarse a la tierra, tiñendo nuestras aspiraciones laborales, nuestra percepción de la abundancia, de la restricción, de lo que merecemos?

El componente cultural de una decisión individual es indudable. Que nadie crea que tomamos decisiones fuera de esta burbuja que hemos descrito. La cultura en la que vivimos y la manera como hemos sido socializadas impone expectativas, prescripciones de conducta; qué tienes y qué no tienes que hacer; qué puedes y qué no puedes hacer. Y lo que haces, lo que repites una y otra vez, es lo que eres. Y aquí estamos llegando a una parte importante, porque de lo que eres surge lo que puedes llegar a ser, por ejemplo: yo soy escritora porque todos los días escribo, y esa idea que tengo de mí influye en quién puedo llegar a ser: por pedir, podría ser gran una escritora de *bestsellers*.

Quedamos en que quien no tiene poder, tiene miedo. Es decir, quien no está arriba, está abajo. El miedo no es buen aliado de la posibilidad. El miedo es lo contrario a la posibilidad porque es lo opuesto a la libertad. Sin esta, no hay posibilidad, y quiero mencionar aquí un dato que no ha pasado desapercibido a ninguna mujer antes: en un sistema patriarcal, la que no tiene poder eres tú. Soy yo. Somos todas las mujeres. Las mujeres se acumulan en los tramos bajos y medios de todas o casi todas las profesiones cualificadas y de los estratos del poder. Las que llegan a los tramos altos lo hacen, como habíamos dicho antes, a través de la dinámica de las excepciones. Y también eso se convierte en una narrativa, una historia que vemos, que sentimos, que comemos y que olemos en pequeñas dosis día a día. Las mujeres llegan solo hasta ciertos puestos y eso lo asumimos como parte connatural al sistema, porque así funciona el mundo, como consecuencia de la naturalidad. Eso se convierte en nuestro rango de posibilidad, en la horquilla con la que podemos trabajar y lo hace porque además encaja con el resto de las narrativas que tenemos desarrolladas acerca de quiénes somos y quiénes podemos llegar a ser. Las narrativas de lo que una mujer es y puede ser son coherentes y congruentes dentro del sistema patriarcal, porque, como decíamos, todas parten de la socialización de género.

De modo que la identidad se construye de manera social, en interacción con el mundo, no dentro de una burbuja que nos aísla del entorno. Por tanto, autoconocerse comporta riesgos porque nos hace creer que una vez conozcamos esas etiquetas que nos hemos asignado —o que nos han asignado— habremos dado con algo medianamente definitivo, pero no es verdad. La identidad es algo mayor y más complejo e interesante y menos controlable que todo eso. Somos mucho más, no queremos reducirnos, sino lo contrario. Así que, si a algo puedo animarte desde aquí, es a que asimiles esta idea y entiendas las implicaciones que ha tenido y tiene para ti la conformación de tu *self* dentro de un sistema patriarcal. También te invito a que investigues cuáles son las historias que te componen, qué etiquetas rigen tu conducta e impactan en la persona que crees que eres. ¿Crees que no se te da bien liderar, o que no eres una buena madre? ¿Crees que eres poco disciplinada? Y si te preguntara, ¿de qué historias surgió esa etiqueta? ¿Quién te lo ha dicho, dónde has encontrado pruebas? ¿Qué pasaría si nos alejásemos de esa etiqueta y actuásemos conforme a la etiqueta contraria? ¿Y si pudiésemos crear una nueva narrativa según la cual eres una persona disciplinada y comprometida con tu cambio y tu crecimiento? Me gustaría que te preguntases cómo actuaría una persona que se guiase por esa etiqueta. Qué pasaría si comenzase a generar historias que engrosasen esta nueva etiqueta. Lo importante de estas etiquetas, y con esto acabamos esta idea que hemos venido desarrollando, no es que sean buenas o malas, verdad o mentira. Lo realmente significativo es que sean útiles. Te animo a revisar todas estas historias que te cuentas sobre ti misma y el propio concepto de autoconocimiento. No te aferres con demasiada fuerza a ninguna de estas concepciones que tienes de ti. Lo repito siempre y aquí otra vez más: coge lo que te sirva y deja lo demás.

Una vez realizado este trabajo, podemos empezar a entender mejor la abundancia, porque una vez que comprendes quién eres, puedes comenzar a hacer. Y el terreno de los sueños no es el de la mente. Hay que saltar al ruedo y dejar de mirar la vida desde la barrera. El hacer refuerza el ser del mismo modo que el ser reforzará después el hacer. Sea cual sea tu sueño más loco, mi compromiso contigo es tratar de allanar el proceso para que des pasos firmes en dirección a tu *Faro*. Me comprometo a que entiendas qué quieres de esta vida, que creas que puedes conseguirlo, a que juntas luchemos para romper las barreras que la sociedad nos impone y que, una vez que te acerques a aquello que has pedido, seas capaz de creerte merecedora, reconocerlo y, en última instancia, sujetar esa puerta abierta con firmeza para que pasen las otras. Abundancia es un término con muchas aristas y todas, cada una de ellas, las queremos.

El espejo de los referentes

Estando, como estamos, trabajando en esta parte del libro en cómo podemos comenzar a creer en la posibilidad de *cultivar la verdadera abundancia*, he considerado imprescindible otorgar un espacio al peso de los referentes en la fabricación del universo de posibles. Entendámoslo por un momento de la siguiente manera: lo que otras mujeres pueden, marca los límites de lo que podemos nosotras, y es a través de la exposición a esas posibilidades que nos familiarizamos con la idea de merecimiento y de pertenencia a esferas que podrían parecernos vetadas.

Una mujer que conquista lugares que no se habían conquistado antes nos abre la puerta a las que quizá ni siquiera nos lo habíamos planteado; una mujer que desafía su mandato de género en presencia nuestra nos da permiso para alterar el orden *natural* de las cosas.

Contar los sueños en alto es importante por muchos motivos. El primero, porque nos libera y nos hace sentir más vivas. Nos da dirección de la conducta —¿cómo si no vamos a caminar hacia nuestro *Faro*?— y, además, nos obliga a poner palabras concretas a lo que puede que por mucho tiempo no haya sido más que una ilusión, una sensación medianamente excitante de que la vida podría depararnos algo grande. Escribirlos, además, exige valentía y requiere de cierto compromiso.

Nos recuerda que esto está en la agenda, en la planificación futura, que esto es exactamente lo que le pedimos a la vida y no otra cosa.

Mientras escribo estas líneas se me viene a la cabeza la historia de Katherine Switzer, la primera corredora de maratones de la historia. Seguro que alguna vez te has topado con las famosísimas imágenes de su accidentada carrera en Boston, en la que alcanzó el hito de ser la primera mujer portadora de un dorsal (el 261, por si tienes curiosidad) en una carrera oficial. Durante el transcurso del maratón, Jock Stemple, uno de los organizadores de la carrera, trató de expulsarla a empujones. Su determinación absoluta, su coraje, su fortaleza titánica son constatables en las fotografías de lo que allí aconteció. Su novio y algunos otros corredores decidieron escoltarla hasta la meta cuando comprobaron la injusticia de la que estaba siendo víctima y ayudaron a que Switzer pasara a la historia, como merecía. Años más tarde, en 1974, Switzer ganó la maratón femenina de Nueva York y en 1975 quedó la segunda, en Boston, con una impresionante marca. Pero ese no fue el mayor de sus logros. Con su persistencia, su ambición y su inquebrantable disciplina consiguió abrir paso a las mujeres en un mundo de hombres, tanto que hoy en día, solo cuarenta años después, es impensable que una mujer no pueda plantearse competir en una carrera.

Un asunto interesante sobre las mujeres que nos sirven de referentes es que nuestra admiración por ellas dice más de nosotras mismas que de ellas. Habla de nuestras aspiraciones, las cualidades que más nos inspiran, los valores que son para nosotras un *Faro*. Nuestros referentes hablan de nosotras porque nos miramos en ellas como en un espejo; hablan del tipo de mundo en el que queremos vivir y que quisiéramos construir, de lo que consideramos valioso, de lo que nos importa, lo que nos mueve.

Un ejercicio interesante que hago con las mujeres que entran en mis programas es preguntarles por una persona a la que admiren con fuerza. Les pido que la describan con detalle y que me indiquen el motivo por el cual la admiran. ¿Son mujeres fuertes? ¿Cálidas? ¿Son mujeres pacientes? ¿Son mujeres exitosas? ¿Quizá las admiran porque son mujeres que no se guían por lo que de ellas se espera, que rompen moldes? Muy probablemente, el valor que admiran en ellas, la cualidad que nombran al explicar el porqué de su admiración, supone para ellas un deseo: se alinea con el tipo de cualidad que ellas querrían tener en su día a día; con el tipo de identidad de la que ellas se sentirían orgullosas, con el tipo de características que, si trabajasen desde el diseño de la personalidad —como se puede hacer, en parte—, elegirían sin parar a pensarlo un segundo. Esta posibilidad se la ofrecen los referentes. Una vez que lo ven en otra, esa cualidad aparece en el mundo ante ellas. Está literalmente disponible en el abundante árbol de jugosos frutos entre los que escoger para agarrar con fuerza. Su admiración por ciertas escritoras podría decir algo de su deseo de sembrar la creatividad, de dar con su propia voz y amplificarla, de cultivar el intelecto. Su admiración por alguna amiga quizá hable de características que esta tiene y ella querría cultivar como su pasión, su alegría, su capacidad de escucha. Recuérdalo: lo que admiras en otras dice más de ti que de las otras.

Hace alrededor de cincuenta años de aquel famoso estudio en el que se pidió a cinco mil estudiantes que dibujasen a un científico. Antes de leer lo que te voy a contar, ten en cuenta que en inglés el término *scientist* carece de género, un dato importante que tomar en cuenta si pensamos que solo veintiocho, de esas cinco mil personas, dibujaron a una mujer y no a un hombre. Y cuidado aquí, porque una bien podría tener la tentación de pensar que las cosas han cambiado desde hace cincuenta años y, de algún modo estaría en lo cierto, pero solo un poco. En 2018 se repitió el estudio con una muestra similar, y solo el veinticuatro por ciento de los estudiantes dibujó a una científica. El progreso ha sido, a todas luces, limitado.

Los resultados de estos y otros estudios de corte parecido nos recuerdan cómo se gestan los estereotipos y cuán restrictiva resulta la prescripción de feminidad para las mujeres. ¿Cómo aseguramos el libre despliegue de la personalidad natural con tan poquísimas y tan restringidas opciones? Es crucial aumentar la visibilidad de modelos femeninos para niñas y mujeres, y si lo es en todos los campos, aún lo es más en aquellos dominados durante mucho tiempo por los hombres. Porque los referentes son importantes, y no disponer de modelos adecuados desalienta a las niñas que dejan de perseguir determinadas opciones. Gracias a la investigación, sabemos que esto podría ocurrir con más incidencia en determinados campos, como las STEM (en sus siglas en inglés) —ciencia, tecnología, ingeniería y matemáticas— o la política. Sin embargo, cuando las niñas tienen claros modelos, cuando en su escenario visual encuentran mujeres en las que poder mirarse, su ambición resulta estimulada. Un ejemplo interesante de esta cuestión es el hecho de que haya más probabilidades de que una estudiante elija una especialización en ciencia, tecnología, ingeniería o matemáticas cuando se le ha asignado una profesora —una mujer— en lugar de un profesor. ¿No nos lo dice eso todo?

La importancia de los referentes no solo daría para un capítulo de este libro, sino más bien para un manual entero, pero baste con concluir este apartado resumiendo los tres beneficios fundamentales que tienen los modelos en los que pueden mirarse las mujeres y que la investigación ha demostrado una y otra vez.

El primero es que los modelos representan lo posible y lo amplían: dotan de dimensión, capacidad y perspectiva inclusiva a aquello que, de otro modo, se sentiría fuera de nuestro alcance. Lo segundo es que los referentes inspiran a las mujeres a ser más ambiciosas, a apuntar más alto, a creer que pueden y merecen más. Por último, muestran el camino y nos lo descubren a las que vamos detrás; demuestran la mentalidad y los comportamientos que nos serán útiles para ascender.

Recuerda también que de la misma manera que las otras son referentes para ti, tú lo eres para alguien, tal es la responsabilidad que llevamos sobre nuestros hombros, porque lo que consigues para ti, lo consigues para todas. Que nadie me malentienda aquí. Está claro que no todas nos encontramos en igualdad de condiciones, y también dentro del mismo sexo contamos con capas de privilegios de color o de clase, pero nuestra ambición individual desafía el sistema al completo y abre puertas para otras. De eso, al menos de eso, espero ya haberte convencido a estas alturas.

El papel de las mentoras

En lo concerniente a nuestra capacidad para estirar los bordes de nuestro universo de posibles, reservamos un papel aparte a las mentoras. Estas mujeres ya han estado en lugares que para nosotras querríamos, han conquistado los altos muros que necesitamos trepar en cada nueva aventura en la que nos embarcamos. Son mujeres que, por su experiencia, su posición, su temperamento o su formación, han derribado barreras que a nosotras se nos siguen antojando enormes y que, además, tienen la generosidad de compartir su experiencia con nosotras.

Hace unos años, *Nature* publicó un estudio realizado con una amplísima muestra de tres millones de parejas formadas por una mentora en STEM y su pupila. Los resultados fueron claros: aquellas mujeres que fueron coautoras de artículos junto con científicas sénior fueron menos citadas después de convertirse en investigadoras principales que las mujeres que fueron coautoras junto con científicos sénior. Recordemos aquí que esto ya lo sabíamos. Ese patrón resulta consistente con investigaciones anteriores que documentan los sesgos de la citación en publicaciones científicas. Lo más increíble del asunto es, muy probablemente, la conclusión a la que llegaron los autores del estudio. Según estos, la solución a esta disparidad pasaría por que más mujeres evitasen a las mentoras y eligiesen, en su lugar, a mentores hombres. Los investigadores lo vieron claro: ¿Por qué culpar a un sistema que está obviamente roto? Mucho mejor llegar a la conclusión de que las mujeres no deberíamos *mentorizar* a otras que quieran llegar alto.

En otro estudio conducido por la Universidad de Washington se concluyó que las ingenieras a las que se había emparejado con una mentora mujer experimentaron mayor sentimiento de pertenencia, motivación y confianza en su trabajo, y mayor aspiración profesional. De algún modo, el hecho de disponer de una mentora mujer promovió la ambición de continuar con la carrera, protegiendo la sensación de pertenencia y la confianza de las mujeres.

He experimentado en mi propia piel el poder que otorga ser aconsejada y guiada por otras mujeres durante mi ascensión profesional, y me parece primordial que sigamos hablando de esto. Encontrar mentoras que quieran dedicarte su tiempo y compartir su conocimiento contigo no es fácil; la vida es suficientemente complicada para dedicarse a lo propio como para hacer tiempo para las demás, pero creo fundamental recordar que, una vez hemos alcanzado una meta, es nuestro turno para hacerlo con las que todavía nos necesitan. Todas hemos empezado nuestras vidas con más o menos dificultades, y quizá por eso es fundamental que recordemos lo importante que era una mano amiga que entendiese las dificultades específicas con las que nos encontramos al salir al mundo laboral y al mundo en general, que entendiese la problemática concreta con la que la mujer se enfrenta a la hora de definir y perseguir sus sueños.

Durante mis años de profesión he sido mentora y pupila en multitud de ocasiones, y quizá lo más importante que he aprendido es que las mentoras no siempre se encuentran en los sitios más obvios. El lugar lógico en el que buscar no siempre es el espacio en el que vas a encontrar a la persona que tiene la llave para que des el siguiente paso en tu vida. A veces, las mujeres que buscamos están en nuestro entorno; a veces, son amigas, familiares, mujeres que de una manera u otra han saltado un muro que para nosotras aún es demasiado alto. Y no pensemos que esto solo aplica a la esfera del trabajo, podemos necesitar mentoras en cualquier ámbito de nuestro desarrollo personal también. Así, podemos pedir ayuda a otra mujer para mejorar nuestra condición física —como yo he tenido la suerte de hacer con mi maestra de yoga—, para entender cómo funciona un mercado que para nosotras es nuevo —como yo he tenido la fortuna de hacer con algunas de mis editoras—, para adentrarnos en un terreno tan nuevo y abrumador como la maternidad —como yo he tenido el privilegio de hacer con mi madre y mis hermanas—. Que nadie desestime el atajo que puede suponer el acelerador de encontrar a la mujer adecuada en el momento adecuado y dejarse guiar por la luz de su *Faro*.

De modo que, si te encuentras en un momento vital en el que consideras que estás atascada en algún punto y que es probable que alguien sujete la llave que necesitas encontrar, no dudes y pide ayuda. Y aún más, si crees que estás justo en un punto en el que, tras muchos años de trabajo y de desarrollo profesional y personal, has acumulado una experiencia nada desdeñable, si te ronda el pensamiento de que si alguien te hubiera contado todo lo que ahora sabes hace unos años te habría ahorrado muchos disgustos, es el momento de que tú te conviertas también en mentora para las demás.

Eso es exactamente lo que estoy haciendo yo aquí y lo que te animo a hacer cuando te toque.

Comunidades de mujeres

En los últimos tiempos, hemos vivido un auténtico *boom* en lo referente a las comunidades de mujeres. Yo misma administro La Comunidad, un espacio de compromiso y crecimiento cooperativo en el que compartimos logros, sueños, aspiraciones, bloqueos, y en el que podemos crecer al ritmo que nos marca nuestra brújula interna con la ayuda de la psicología. También llevo con cariño mi club *Mujeres que escriben*, donde nos reunimos cada jueves para aunar fuerzas y servirnos de compañía. Creo firmemente en el poder de unir energías.

Si algo he aprendido es que, a veces, en esto del desarrollo personal, una se puede llegar a sentir como un verdadero bicho raro. Podría parecer que el lenguaje que aquí usamos, el entusiasmo que ponemos en conocer nuestros límites y superarlos por el simple hecho de sentir cómo crecemos, no es algo que a todo el mundo pueda interesarle. Es probable que a ti esto te sorprenda tanto como me sorprende a mí, pero, al fin y al cabo, un físico nuclear o un zoólogo debe pensar lo mismo de mí y yo no dedico ni un minuto al día a los temas que ellos tratan. Así somos los seres humanos: cada uno en su burbuja y Dios en la de todos.

Pero resulta que cuando, de forma natural, una no dispone a su alrededor de figuras con las que poder avanzar en comunidad, es recomendable buscarlas. Si lo pensamos bien, así lo hemos hecho siempre. Nos reuníamos antes en las puertas con las vecinas, compartíamos los secretos de aquello que nos interesaba cuando salíamos de la rutina de las alcobas por un rato y seguimos sintiendo su importancia, quizá más ahora que nunca. En Francia, Las Preciosas, de las que con saña despotricó Molière, estuvieron presentes en los salones del siglo XVII. En España, los salones literarios del siglo XVIII siguieron la tendencia francesa y las mujeres los organizaban en sus casas, mientras que, en Estados Unidos, existieron Los Ladies' Ordinary. Los espacios exclusivos para mujeres están lejos de ser un nuevo invento.

Las comunidades son fundamentales porque refuerzan nuestro sentido de pertenencia, nos dan permiso, dibujan y forman un nuevo escenario mental en el que las mujeres pueden ser cosas muy diferentes. La expansión de estos espacios no mixtos, dirigidos fundamental o exclusivamente a mujeres, responde a una necesidad. Hemos formado nuestro imaginario, esa imagen mental de lo que es una cumbre de líderes mundial, por ejemplo, con representación casi exclusiva de hombres, y puede que los espacios no mixtos hagan vibrar justo esa emoción, al funcionar como un espejo y subirle el volumen a lo posible, a lo que también tú podrías ser. Las comunidades de mujeres han existido desde siempre como lugares seguros en los que narrarse, en los que nombrarse, en los que dar sentido a sus experiencias específicamente femeninas cuando todo lo tradicionalmente femenino había sido privado.

Las redes sociales como amplificador de posibilidad

Si al principio de este libro dediqué un pequeño espacio a hablar sobre mi preocupación por la perpetuación de roles tradicionales a través de las redes, ahora querría poner en su justa balanza todo lo que asomarnos a la vida de los demás puede ofrecernos. Estamos hartas de escuchar cómo los modelos que vemos en las redes producen estados parecidos a los de la depresión, por culpa de la maldita comparación social, y que esta consecuencia se agrava cuanto más joven es el sujeto que se expone a semejante bombardeo de contenido editado para el consumo. Pero te decía que las redes no solo nos ofrecen eso. También nos brindan un tremendo escaparate al que asomarnos a mirar, como una gran tienda repleta de oportunidades.

Si hace treinta años todo el elenco de modelos a los que podíamos aspirar provenía del ámbito de la literatura, la televisión y el cine, hoy en día el abanico de posibilidades se ha abierto hasta convertirse en infinito, gracias a la democratización de la exposición que nos han brindado las redes sociales. Instagram, la mayor galería de fotos personales de la historia, nos da la posibilidad de afinar nuestra búsqueda de referentes con una precisión inimaginable hace solo quince años. Lo mismo podría decirse de los blogs personales, la autopublicación o el resto de las redes. Ahora cualquiera —y cuando digo cualquiera, en realidad me refiero siempre a casi cualquiera— puede compartir su voz con el mundo y generar lazos con alguien que está en la otra punta del planeta. De modo que, si antes solo podíamos mirarnos en un número limitado de espejos, hoy por hoy las reglas del juego han cambiado. Las mujeres se muestran al mundo seguras desde sus voces únicas, compartiendo contenido que antes quizá nadie, estando en su mano, les habría publicado; voces sin pulir ni censurar —lo que por supuesto sigue estando entrecomillado—; son mujeres que ocupan espacios sin necesidad de que nadie les sujete la puerta para que pasen, sin pedir permiso. Por primera vez en la historia, las mujeres pueden plantearse ser dueñas de sus discursos y expresarlos a través de sus palabras y de la imagen estudiada que quieren mostrar al mundo, sin mediar el ojo del hombre que la diseñe. Huelga decir que hablamos de un terreno complicado, y que siglos de codificaciones de nuestra propia conformación desde la singularidad del *male gaze* no desaparecen de un plumazo, y nosotras seguimos mirándonos a través de los ojos de los hombres porque para eso nos han preparado, pero convendremos en que esto es un gran primer paso para la liberación de las cadenas.

Desde aquí te animo a dos cosas. La primera es a tomarte muy en serio el impacto incuestionable que todas estas representaciones tienen en nosotras: te invito a no subestimarlas y a darles a la correcta elección de modelos la categoría que merece. El tiempo es limitado y una bien querría poner en su justo lugar la importancia de la *nutrición sensorial*. Buena parte de lo que eres y de quién serás dependerá, sin duda, de los ingredientes con los que nutras todos tus sentidos. No infravalores su impacto y te mantendrás en el buen camino.

Un buen lugar desde el que empezar es siempre el mando a distancia, del que mi padre, cuyos últimos dieciséis años los pasó en silla de ruedas, siempre dijo que era el último reducto del pleno ejercicio de la libertad individual, y él bien lo sabía. Pero tenemos muchas opciones más: las cuentas que sigues y que dejas de seguir en las redes sociales, los tonos que usan, las codificaciones de los roles tradicionales que sujetan y los valores bajo los que alumbran sus marcas personales influyen en nuestra propia percepción de la posibilidad y en aquello que se convierte en importante o no, en nuestra vida. Piénsalo. Todas aquellas personas que ves a diario, que se han convertido en parte inevitable y extraña de tu escenario visual más cotidiano, de tu contexto virtual más familiar, expanden los límites de aquello a lo que hace solo unos años podías acceder. Ahora nos colamos en las casas de las demás, observamos parte de sus estilos de vida, de la elección de sus palabras, de sus recomendaciones; hasta de su comida y sus menajes. Nunca en la historia habíamos tenido acceso tan directo y desvergonzado a la posibilidad como el que tenemos ahora. De modo que tómatelo en serio y elige bien.

Lo segundo a lo que te querría animar es a comprender tu propio potencial como referente, como amplificador de la posibilidad para aquellas que están a tu alrededor, que te siguen y te leen; a mirarte a ti misma como el espejo que tú también eres y a poner el peso que debes en el entendimiento de tu propio liderazgo y la contemplación de ti misma como una generadora de opinión, porque lo eres; alguien —ya sean cien o doscientas cincuenta mil personas— te sigue, te escucha, te mira sin tú saberlo y sin que, en ocasiones, tomemos plena conciencia de ello. Ten en cuenta algo fundamental: la mirada de los otros puede hacernos mejores.

Un grupo de científicos de la Universidad de Newcastle, encabezado por Melissa Bateson y Daniel Nettle, del Centro de Comportamiento y Evolución, realizó un experimento de campo en el que demostraron que simplemente colgar carteles de ojos humanos con la mirada fija constituía suficiente aliciente para cambiar significativamente el comportamiento de las personas. ¿Verdad que no te sorprende? De hecho, esta investigación se basa en una larga tradición de estudios de psicología en los que se ha tratado de analizar y estimular la cooperación humana en asuntos colectivos. En términos técnicos, a menudo hablamos de un *dilema social*, es decir, una situación en la que los intereses personales están reñidos con los del grupo. Por ejemplo, podría ser muy fácil para ti tirar la basura al suelo cuando te comes un helado en calle, y, sin embargo, no lo haces. Sabes que no está bien y que choca con el mundo que tú quieres ver y con lo que es mejor para el grupo. Somos seres gregarios y gustar es parte de nuestra estrategia de supervivencia a través de la pertenencia al grupo, y no hay nada malo ni extraño en ello. Robyn Dawes y sus colegas demostraron en los años setenta que la presencia de otras personas en la sala tiende a tener un efecto positivo en la toma de decisiones frente a un dilema social, es decir; ser conscientes de que nos observan (*watching eyes effect*) nos empuja a querer actuar mejor, a no tirar el papel al suelo, a pulir nuestra forma de ser y a perseguir nuestra mejor versión, aunque solo sea para mostrarla. Pero mostrarla es una manera fantástica de entrenarla y una motivación estupenda para poner en práctica aquello que, a veces, nos cuesta más.

Hablemos de ambición

Si te atreves a hacer una pequeña búsqueda en internet, vas a encontrar de un solo vistazo cientos de artículos que mencionan estudios que supuestamente demuestran con datos supuestamente objetivos la supuesta brecha de ambición que hay entre mujer y hombre.

Pongamos que esos datos son ciertos, que las mujeres realmente ambicionan con menos altura de lo que lo hacen los hombres y que eso, en parte, pueda explicar la brecha consecuente que encontramos en la parte más alta del mercado laboral. Tal vez nosotras no queremos sentarnos en la mesa en la que se toman las decisiones y estamos más a gusto en posiciones con menos obligaciones, posiciones intermedias. Tal vez nuestra biología, nuestro *instinto maternal*, nuestra particular neuroquímica nos pide que pongamos el proyecto familiar en el centro de nuestra vida desde muy pronto y que antes, mucho antes de quedarnos embarazadas, empecemos a tomar decisiones que afecten a nuestras futuras probabilidades de llegar alto.

Es probable que estos datos, por dolorosos que sean, tengan algo de ciertos, aunque también lo es que eso no sea lo fundamental, o puede que sí: el patriarcado, en ocasiones, y por doloroso que esto suene, también tiene beneficios para las mujeres. Nos relega de la presión de ciertas cargas, de la tensión de la toma de determinadas decisiones. Esto es importante decirlo, así como mirar adentro, aun siendo consciente de lo polémico de este mensaje. Pero hay mucho más que esto.

Aunque los estudios de género son siempre complicados de leer, yo trato de obligarme a recordar que el hecho de que lo sean no significa que pueda extraer de ellos lo que encaje con la manera en la que yo veo el mundo y que descarte el resto simplemente. Nuestra tendencia al *cherry picking* —a escoger entre los datos— es lógica, es parte del funcionamiento normal de nuestras mentes, pero nos debemos retarla. Hablar de brecha de ambición me duele, pero está ahí. ¿Somos las mujeres simplemente menos ambiciosas que los hombres? Quizá esta pregunta tan simplista sea, por tan simple, llanamente insultante. Como psicóloga, lo que a mí de verdad me interesa es como hemos llegado ahí, ese es justo el punto donde esta pregunta, aparentemente superficial, se vuelve interesante.

Vayamos muy al principio y veamos un ejemplo gráfico que, de tan sencillo que es, quizá responda sino a todo, a casi todo: decenas de estudios constatan que ya en las aulas se les presta más atención a los niños en el momento de alzar la mano, mientras que a sus compañeras, o no se las atiende, o se las considera más tarde. No hace falta el doctorado en pedagogía para figurarnos el mensaje catastrófico que ya comienza a elaborarse desde ese momento en el inconsciente de la niña: no solo mi voz importa menos, sino también la del resto de las niñas de esta aula.

La discriminación se internaliza

Déjame poner sobre la mesa un tema tan interesante como incómodo. Cuando te enfrentas a un nuevo reto, ¿cómo lo afrontas? ¿Sientes que buena parte depende de ti? ¿Que tu esfuerzo influirá notablemente en los resultados que obtengas? O, por el contrario, ¿sientes una tendencia a verte inundada por el pesimismo, por la sensación de la que no puedes deshacerte de que, por más que hagas, estás vendida? ¿Que la suerte, el azar, la genética o la casilla de salida lo determinan todo y sí, el esfuerzo individual es importante, pero la vida viene como viene y la mayor parte del tiempo poco podemos hacer. ¿Eres tú esa?

Con toda probabilidad, eres las dos, y si tornases los ojos hacia adentro pronto descubrirías que te encuentras con tendencias más o menos consistentes. En determinados campos te sentirías poderosa, capaz, resiliente y, en otros, la experiencia te habrá demostrado una y otra vez que había poco que hacer. Por ejemplo, podrías sentirte increíblemente competente en el ámbito del deporte y poco o nada capacitada a la hora de poner en marcha un proyecto. Pues bien, esto es a lo que en psicología denominamos *autoeficacia percibida*, la creencia que una persona tiene en su capacidad para triunfar en una situación particular. Este concepto parte de los estudios de Albert Bandura, un profesor de psicología de la Universidad de Standford, que ha pasado a la historia por sus investigaciones en este campo, entre otros muchos, y que describió estas creencias como determinantes en cómo las personas piensan, se comportan y se sienten.

La autoeficacia afecta no solo a cómo te sientes contigo misma (la autoevaluación, el autoconcepto, la autoestima), sino a si llegarás a lograr, o no, con éxito las cosas importantes que te propones. Imagina lo trascendental que es entenderla, saber cómo funciona y trabajar en ella. La autoeficacia es parte de un autosistema que está relacionado con otros muchos conceptos básicos de la psicología y podríamos perdernos mucho en esto, pero es suficiente con entender que este sistema es fundamental a la hora de comprender cómo percibimos el mundo y respondemos a sus demandas. La creencia que tenemos de que cuál es nuestro cometido en nuestro propio éxito juega un papel crucial en cómo pensamos, cómo actuamos y cómo nos sentimos acerca de nuestro lugar en el mundo, y también afectará, inevitablemente, a qué objetivos nos sentimos merecedoras de perseguir, cómo llegamos a alcanzar esos objetivos y cómo reflexionamos y extraemos conclusiones del proceso respecto a nuestro propio desempeño.

Un inciso importante. Aunque podríamos hablar del concepto de autoeficacia de manera general, es más interesante reconocer que varía considerablemente, dependiendo del área de nuestra vida en el que nos fijemos. Así, por ponerme de ejemplo, me siento competente para escribir libros, dirigir un proyecto o dar una charla en público, pero poco capaz cuando se trata de perder peso, de dejar el azúcar o de salir a correr de manera consistente, y en esto influyen factores de todo tipo (genética, historial de conducta, percepción del éxito-fracaso, capacidad de autoevaluación y autoconciencia, etc.), pero aquí lo que nos importa es su cualidad de determinismo recíproco; como creo que no puedo, puedo menos. Es decir, que el comportamiento de un individuo está condicionado por las consecuencias, del mismo modo que afecta al medio en el que se produce.

Numerosos estudios se han detenido para entender la relación entre la autoeficacia y la variable género y, aunque los hallazgos son inconsistentes, algunas ideas se repiten. Por ejemplo, en un estudio de Pastorelli se demostró que las mujeres exhibían una mayor autoeficacia académica que los hombres, mientras que Huang, en 2013, concluyó que los hombres mostraban una autoeficacia general más alta que las mujeres. Sin embargo, las diferencias de género en la autoeficacia académica tienden a ser específicas de cada asignatura. Así, los hombres obtienen una mayor autoeficacia en ciencia, tecnología, ingeniería y matemáticas (STEM), mientras que las mujeres hacen lo propio en materias relacionadas con el lenguaje.

En un gran metaanálisis de ciento ochenta y siete estudios que contenían dos cientos cuarenta y siete análisis independientes de 2013, Huang encontró una diferencia general de género en el nivel de autoeficacia académica, que demostraba una mayor autoeficacia en los hombres. Se encontraron diferencias de género consistentes en distintos grupos de edad, en los que la cultura no parecía tener un efecto moderador. Un dato interesante es que, aunque la autoeficacia se muestra consistentemente mayor en los niños en los estudios, el autocontrol en las niñas (un concepto íntimamente relacionado) es significativamente mayor.

Una bien podría preguntarse si estas diferencias tienen algo que ver con la biología o no, a lo que responderé citando a Marcia L. Stefanick, profesora de medicina de la Universidad de Stanford: «¿Por qué todavía tenemos batallas sobre si las diferencias sexuales en el cerebro humano existen debido a factores biológicos o socioculturales; naturaleza versus crianza? ¿Por qué no reconocemos que la cultura y la experiencia cambian la forma en que cada cerebro único se desarrolla desde la concepción hasta el final de nuestras vidas?».

¿Son las mujeres menos ambiciosas?

En un artículo publicado, en 2004, en la revista *Harvard Business Review* se constató como, para los hombres, la ambición se considera una parte necesaria e incluso deseable de la vida. La mayoría de las mujeres, sin embargo, la asociaba con rasgos tales como el egoísmo, el autoengrandecimiento o la manipulación. La investigación reveló que, durante los años de la infancia, las niñas tenían claras sus ambiciones, que mostraban grandiosas metas, sin necesidad alguna de disculparse por ellas. En casi todas las ambiciones infantiles, se podían distinguir con claridad dos factores distintos. Por un lado, el dominio de una habilidad especial y, por otro, su reconocimiento. Es importante entender que lo que es cierto en la infancia, lo sigue siendo después; todos queremos que se reconozcan nuestros esfuerzos y logros. Es lógico, es humano. Sin embargo, existen diferencias dramáticas en la forma en que mujeres y hombres crean, reconfiguran y realizan (o abandonan) sus objetivos. La socialización de género hace que la mayoría de las mujeres sean recatadas cuando se ven abiertamente elogiadas por sus logros, y lo curioso del asunto es que las investigaciones han demostrado que esa modestia varía según el contexto social. Así que las mujeres buscan y compiten más abiertamente por el reconocimiento cuando están con otras mujeres, pero se comportan de manera diferente cuando compiten con los hombres. Es fácil entender cómo el problema de fondo tiene que ver con los ideales culturales de la feminidad y de masculinidad. Las mujeres se enfrentan a la realidad de que para encajar en el ideal femenino han de proporcionar recursos, o cederlos, a otras personas, incluido el reconocimiento. Y aunque una tendría la tentación de pensar que las mujeres tienen más oportunidades que nunca, que es el caso, todavía se encuentran bajo un escrutinio social que hace que las decisiones sean difíciles, como ocurre con el peso que sigue teniendo en su desarrollo escoger el momento comenzar una familia, si hacerlo o no hacerlo, y su impacto en los avances de su propio trabajo.

La pregunta de si las mujeres son más o menos ambiciosas es, en sí misma, injusta, dijimos antes que casi insultante. En condiciones tan desiguales en las que desarrollar su ambición, ¿cómo podrían serlo? Con falta de referentes, con una percepción tan distinta de las características que se asocian a la ambición en su propio género comparado con lo que ocurre con los hombres... ¿Cómo podríamos ambicionar de igual manera? Al fin y al cabo, una mujer con poder hace temblar al sistema.

Veamos más sobre esto.

Mujer con poder

Hablar de abundancia femenina es inevitablemente hablar de poder. La relación de la mujer con el poder a lo largo de la historia ha sido compleja y desaventajada.

Mary Beard nos habla en su famosísimo ensayo *Mujeres y poder* de cómo en el mundo clásico las mujeres no podían alzar la voz en público. Solo había, dice, dos raras excepciones a esta norma. La primera, cuando se les permitía hablar como víctimas o mártires antes de su propia muerte. La segunda, para defender a sus hijos o a sus maridos de los intereses de otras mujeres. Aquella mujer que, en circunstancias ajenas a estas, se atrevía a hablar en público, a mostrarse ante los demás con la fuerza de su propio discurso no era, por definición, una mujer, ya que desafiaba toda la construcción de aquello que se había fabricado como tal.

La voz de la mujer hoy en día sigue circunscrita al nicho femenino, el único lugar en el que podemos ser tomadas como verdaderas expertas. Literatura femenina, psicología femenina (que no feminista), liderazgo femenino. Seguimos peleando por el gueto de las migajas que nos dejan los hombres, aquellos que aún siguen moviendo los hilos del mundo. No podemos contentarnos con lo que podría parecer un triunfo y de ninguna manera lo es. Queremos la igualdad real, queremos sentarnos en las mesas donde se toman las decisiones y coger los mandos, queremos gobernar el mundo y nuestros hogares y hacerlo hombro a hombro.

Mención especial merecen las nuevas líneas de lo que ya hemos adelantado como el liderazgo femenino. De lo que llaman el liderazgo femenino se espera empatía, horizontalidad, dirección desde la cocreación. Ojo, no seré yo la que venga a decirnos que no necesitamos más líderes en el mundo con estas características, mi preocupación viene precisamente de que estas exigencias vuelvan a suponer una extensión de nuestro mandato de género como lo son otros tantos. El hecho de que seamos justo las mujeres las que tengamos que traer el tono conciliador, la esperanza de que sobre nuestros hombros recaiga cambiar el mundo para que sea un lugar mejor. No basta con que dirijamos un equipo o un proyecto y lo llevemos al éxito, también tenemos que untarlo con una pátina de bondad maternal. De verdad, mucho cuidado con todo esto, el lenguaje es tramposo con nosotras.

Así que vamos a hablar de poder. Pensemos en una mujer que manda, en una alta posición de poder. ¿Podemos distanciarnos por un momento de su socialización de género y entender que no es la vagina, o el pene, la que dictará su cualidad ni su ajuste al contexto? Démosle alguna vuelta a esto y notemos que la educación de las mujeres está enfocada precisamente hacia la asunción de sus roles de esposa y madre, incluyendo el desarrollo y cuidado de la belleza, de la capacidad de seducción y del mantenimiento de la atención del hombre. Aquí también podríamos hablar del modelo de amor romántico, que se nos propone como prototipo cultural de amor durante el proceso de educación y que implica un olvido de nosotras mismas, una renuncia a lo personal y a lo individual, un desapego de lo público, que pertenece al hombre, a través de la sumisión y la dependencia emocional y física.

Pero ¿qué nos dice la psicología? ¿Existe contraste entre el liderazgo de una mujer y el de un hombre? ¿Regimos de manera diferencial? Ya hemos insinuado antes que en ciencia social los estudios no siempre demuestran que las cosas son blancas o negras, pero comencemos por adelantar que la investigación sí que apoya la idea de que las mujeres lideran, en general, de manera diferente a los hombres, aunque tengan en cuenta que la varianza intrasexo —la variabilidad dentro del grupo de hombres, por un lado, y dentro del grupo de mujeres, por otro— es casi siempre mayor que la diferencia intersexo —la variabilidad entre hombres y mujeres como grupos diferenciados— en la mayoría de los estudios que abordan la variable género.

El fondo del asunto es que sí que parece haber matices diferenciales. Sabemos que, comparadas con los hombres, las mujeres tienen más probabilidades de demostrar cooperación y aportar valores sociales que promueven el bienestar de los otros cuando están en puestos de liderazgo, o que es menos probable que apoyen decisiones deshonestas en sus puestos de trabajo y que orienten su labor a la comunidad, a lo que saben que conducirá a un mayor beneficio colectivo, una ganancia por encima del estamento de lo individual. La conclusión de esto es clara, pero veremos que espinosa: la sociedad es más justa cuando hay más mujeres en el poder, pero no es ese el motivo por el que deberíamos querer más mujeres en los altos cargos.

En suma, la investigación sugiere que las mujeres en puestos de liderazgo tienen más probabilidades que los hombres en la misma posición de enfocarse en el bienestar de otros y, aunque las diferencias son pequeñas, se puede generalizar y decir que la literatura científica es sólida en apoyar la idea de que las mujeres tienen un estilo de liderazgo más efectivo que los hombres, ya que puntúan más alto en la mayoría de los marcadores que lo evalúan como asertividad, planificación estratégica, compromiso con el equipo, etc.

Decía, sin embargo, que la conclusión tiene sus espinas y creo importantísimo resaltarlo. Un mundo con más mujeres en los gobiernos no va a ser necesariamente un mundo mejor. Desde luego que, si seguimos socializando diferencialmente, es probable que así lo sea, pero cuidado porque es precisamente esa educación la que siempre deja en desventaja a las mujeres, por lo que este argumento no es más que una falacia. Nos vuelve a poner en situación de clara pérdida. Un mundo con más mujeres líderes es más justo por un motivo muy simple; porque somos la mitad de la población. Punto. Tenemos mucho que aportar y que decir. Las mujeres no estamos discriminadas porque no somos un colectivo; las mujeres sufrimos de desigualdad estructural de acuerdo con una jerarquía sexual que nos oprime y esto hace falta cambiarlo.

Hay algo que es obvio. Debería haber más mujeres en puestos de liderazgo a estas alturas, estoy segura de que así lo creyeron las feministas del principio de la tercera ola, pero los números son claros. Los datos del Instituto Nacional de Estadística de 2018 sitúan la brecha salarial en torno al veinticinco por ciento. Estas cifras son difíciles de conocer con exactitud, puesto que también sabemos que, cuando los datos reflejan la retribución por hora trabajada, la brecha desciende a alrededor de un 14 %. Pero el tema es complicado. Los motivos por los que las mujeres trabajan menos horas también tienen que meterse en esta ecuación (y aquí podríamos perdernos durante páginas y bucear en el mito de la libre elección). También ha de tenerse en cuenta la diferencia que se da en las tareas del hogar y en el uso del tiempo, ya que las mujeres asumen hasta trece horas más de trabajo doméstico que los hombres cada semana. Más de trece horas.

Pero aún podemos seguir rizando el rizo. Los sistemas de productividad y las estructuras de poder han sido diseñadas tradicionalmente desde lo masculino. La sociedad actual de la hiperproductividad está diseñada desde lo que se ha articulado como masculino. No hay manera humana de que pueda haberse reglado desde lo femenino cuando lo femenino ha implicado tradicionalmente estar a cargo de todo lo doméstico, tener la progesterona por las nubes durante el embarazo, los sangrados de la menstruación, en ocasiones con tremendos dolores, la lactancia, los partos, los pospartos. Cuando las mujeres vivimos en un ciclo menstrual que nos hace, en ocasiones, ser personas muy diferentes en un momento u otro del mes. Cuando nosotras somos las que cargamos con nuestros hijos en el vientre, las que sufrimos abortos, las que los parimos con sus consecuencias, las que los amamantamos. También las que llevamos la carga física y mental del hogar, las que dirigimos las operaciones en la casa, las que vamos a recoger al niño a la guardería cuando la profesora llama para decirnos que no se encuentra bien. Algunas de estas cosas son biológicamente femeninas, otras codificadas socialmente como femeninas y todas ellas relegadas al último asunto del que se preocupa nuestra maldita sociedad de consumo.

¿Pero por qué no hay más mujeres arriba? ¿Qué podemos hacer para cambiarlo? La diferencia entre lo que cobran hombres y mujeres se aprecia a lo largo de toda la vida laboral, desde las trabajadoras más jóvenes a las de más edad, y la diferencia de salarios se incrementa a medida que los trabajadores van cumpliendo años, y se produce un auténtico cisma con la llegada de la maternidad. La mayoría de los expertos coinciden en decirnos que el número de excedencias, reducciones de jornada y opciones de jornada a tiempo parcial a las que se acogen las mujeres para cuidar a personas a su cargo es uno de los grandes factores que construyen esta brecha salarial. Cuidamos de nuestros niños y después de nuestros padres. En ocasiones, lo hacemos incluso todo a la vez. Supongo que nadie dudará al leer estos datos que en ellos tiene mucho que ver la manera en la que somos «fabricadas», que enfoca en nosotras el cuidado, y en ellos la realización individual y la capacidad de proveer.

En fin. Los datos son los datos, pero la realidad es que, aunque este puede ser gran parte del motivo de la diferencia, las razones por las que hay menos mujeres líderes son múltiples y complejas, y es esta una pregunta que exige de una precisa problematización. Debemos tener en cuenta que el hecho de que no haya más mujeres líderes no depende solo de las decisiones individuales que las mujeres toman a lo largo de su carrera, que responden —y en esto estaremos todas de acuerdo—, como decíamos, a la socialización de género en muchos casos (podremos aducir a motivos biológicos, en otros), sino que también hay que tener en cuenta otros muchos factores. Las cifras indican que las mujeres reciben menos impulsos por parte de sus superiores, son puestas en menos programas de *coaching* y *mentoring* como ya hemos dicho antes, es decir, que también nos es objetivamente más difícil llegar arriba.

Permíteme ser meridianamente clara en esto: veo muy jodidos, discúlpame la grosería, los planes de educación y empoderamiento de mujeres que basan el grueso de su programa en lo individual, sin tener en cuenta el proceso y la influencia que ejerce el contexto. Hay que tener cuidado para que el concepto de responsabilidad individual no devenga en una suerte de culpa por la situación en la que nos encontramos. Eso es totalmente injusto. Pero —y este es un pero grande— cuidado también por desempoderar al individuo al hacerle creer que no hay nada que pueda hacer desde la individualidad para luchar contra el contexto. Ya lo hemos dicho muchas veces, pero es que hay que seguir diciéndolo.

Afirmamos que queremos más mujeres líderes, que necesitamos más mujeres en la esfera del liderazgo. Aquí hay dos temas bien diferenciados. Uno es cómo lideramos —que ya hemos explicado que lo hacemos de manera más efectiva de acuerdo con los marcadores tradicionales de liderazgo—, y otra es cómo nuestro liderazgo es percibido. Las mujeres líderes son juzgadas más duramente en sus puestos; se comentan sus ropas, se las percibe más duras, menos competentes, menos justas. Esta apreciación externa está relacionada con la expectativa de que las mujeres nos debemos de preocupar más por los demás —¿el *liderazgo femenino* desafía menos al *statu quo*?—, y esta no deja de ser casi una imposición de género.

Hay un estudio famoso de Flynn y Anderson, de 2003, en el que se entrega a dos grupos el mismo texto, que cuenta todas las acciones que lleva a cabo cada día en su puesto de trabajo una persona en posición de liderazgo. Sin embargo, existe una diferencia entre los textos que se han entregado a cada grupo. Al primero, se le da un texto en el que el nombre del protagonista es el de una mujer y, al otro, un texto en el que el nombre del líder es el de un hombre. En este caso, Heidi y Howard. Los dos grupos puntúan el caso que les ha tocado utilizando determinados marcadores y, al compararlos (al comparar a Heidi y a Howard, recordemos que los textos eran idénticos), encuentran que, aunque ambos habían sido marcados con el mismo nivel de capacidad, a Heidi se la describe como alguien más egoísta, el tipo de persona con la que no querrías trabajar. Este experimento apoya una conclusión que ya conocemos por otros muchos estudios: el éxito está correlacionado con valores positivos para los hombres y negativos para las mujeres. ¿No es interesante entender como todo esto se internaliza? ¿Qué mujer en su sano juicio querría más sabiendo todo lo que ello implica?

Y escribo esto en 2021. ¿Cómo podemos seguir aún aquí? ¿Por qué seguimos asociando inconscientemente masculinidad a liderazgo? Esto, inevitablemente, excluye a la feminidad, su opuesto, de la esfera del mando. La teoría del rol social da buena cuenta de cómo se construye este proceso. Esta teoría explica cómo atribuimos ciertas características a personas o grupos en función de su actividad como actor social, es decir, de cuál es su papel dentro de la sociedad. Es decir, si todo lo que vemos son hombres líderes, acabamos atribuyendo estas características a la condición de ser hombre, y resulta inevitable concluir que el liderazgo se convierte en algo masculino y por exclusión, en algo no femenino. Recordemos el mundo clásico y aquello que señalaba Mary Beard: una mujer que alza la voz en público no es, por definición, una mujer. Se nos expulsa así de la posibilidad.

Liderazgo es una palabra que se ha reducido a lo tradicionalmente masculino, se ha erigido desde esa orilla singular. Las características clásicas del liderazgo se encuentran en la esfera de lo que se supone propio de un hombre como el poder, la autoridad o la capacidad de proveer. Hagamos un pequeño experimento para que entendamos cómo funciona la teoría de la que estamos hablando. Digamos que en la televisión emiten unas imágenes de la última cumbre de líderes del G20. Para y construye la imagen mental un momento. Ahora déjame que adivine: veinte —acaso dieciocho y dos, si estamos muy imaginativas— hombres, todos blancos, de mediana edad, con alguna barba, con traje de chaqueta. Si hay una mujer, se le ha retirado todo aquello que podría haberse fabricado desde lo tradicionalmente femenino. El pelo corto o recogido, sin adornos, traje de chaqueta neutro.

Se sabe, hay mucha literatura al respecto, que la idea inconsciente, la imagen intuitiva que una tiene en la cabeza de lo que es un líder es eminentemente masculina. Como sociedad generamos una idea de lo que es un líder y, cuando llega la hora de contratar a alguien con esas características, de promocionarlo, de ascenderlo en la jerarquía de una empresa, cuando llega la hora de financiar el proyecto de un emprendedor y dedicarle fondos, tiramos de esa carta mental del líder y buscamos a alguien que nos encaje en medio segundo con esa imagen. Y como decíamos, esa imagen suele ser la de un hombre. Porque es lo que hemos visto en ese lugar desde siempre. Desde el mundo clásico. Desde que el mundo es mundo.

Este prejuicio inconsciente hace no solo que las mujeres tengan más dificultades para acceder a puestos de liderazgo, sino que también dificulta la percepción que otros tienen de ellas cuando ejercen ese liderazgo o, lo que es peor, ellas se perciben de manera menos positiva a sí mismas. La discriminación se interioriza, una termina mirándose a través de los ojos de un sistema que la oprime y no la deja avanzar como merece, y acaba por creerlo. Pero la casa, el microsistema, la realidad doméstica, especialmente en familias heterosexuales, sigue siendo un obstáculo notable para la ansiada y merecida igualdad de género. Aunque existe la tentación de pensar que los millenials han venido para solventar la ecuación hombre-proveedor / mujer-cuidadora, cuando se trata de la división en las tareas del hogar, las cosas no han cambiado tanto. La idea de que los hombres son los principales responsables de la provisión de recursos sigue siendo cardinal sobre la que se sustentan las parejas de nuestros tiempos, y las desviaciones que se establecen de esta norma tienen consecuencias adversas para los matrimonios heterosexuales. Los adelantos de la mujer en el terreno laboral y financiero aumentan el riesgo de divorcio, al igual que ocurre con la falta de empleo de tiempo completo para los hombres. Salirse de la prescripción que hace el género desafía al sistema al completo, incluso en el corazón de la intimidad del hogar. La peor combinación para las parejas casadas sigue siendo una mujer empleada a tiempo completo y un hombre en desempleo. El patriarcado aún no nos permite estos descarríos imperdonables.

Los datos sugieren que las mujeres tienen menos probabilidades de definirse a sí mismas como competentes no solo en el mundo corporativo, sino también a la hora de emprender, y estos estándares de competencia son sistemáticamente más estrictos de los que los hombres tienen sobre sí mismos en la misma situación. Estas diferencias en la autoevaluación de la propia capacidad persisten incluso después, entre hombres y mujeres que ya tienen un negocio. Por traducir lo que tal vez es obvio, pero merece ser subrayado; las mujeres, cuando lo hacen mejor, se perciben como peores; los hombres, cuando lo hacen peor, se perciben como mejores.

Así que es un trabajo de dentro como lo es de fuera. Una sociedad que se dice justa debe exigir la paridad, que lejos de ser una licencia que se nos otorga, consiste en una desactivación de la misoginia que impera en los espacios de poder. Y no será hasta que no veamos a más mujeres en los altos estamentos cuando formemos un nuevo imaginario común, donde el binomio hombre-líder pueda ser neutralizado por el de persona-líder. Pero lo cierto es que para eso todavía parece quedar mucho. Seguimos luchando con las pocas armas que nos deja el patriarcado.

Me gustaría hacer un último apunte antes de dar por finalizado este capítulo de cuyos temas podríamos seguir escribiendo otros tantos libros, infinitos tratados. Hemos dicho que hablar de poder y abundancia no ha de implicar necesariamente hablar de colmar de mujeres los altos puestos de las mesas de las más prestigiosas juntas directivas, aunque no oculto mi deseo de que eso también ocurra. Pero querría que ampliásemos la definición para dar cabida a todo lo que implique autoliderazgo, autodeterminación, libertad desde el propio autoemprendimiento, porque, justamente, abundancia es libertad, más que ninguna otra acepción de las que hemos ido y vamos a seguir descubriendo. Una mujer libre es una mujer abundante porque es una mujer que puede. Por eso luchamos. Por la posibilidad.

La felicidad es progreso

Un tema que ronda siempre mi trabajo es el de la felicidad —o la falta de ella—. No hay nada que un ser humano anhele más ni persecución que nos complique más la existencia.

Si te pregunto: ¿eres feliz?, van a aparecer muchos sentimientos de una vez y una ristra de pensamientos pegados los unos a otros. Pero qué difícil es responder a esta pregunta sin antes haber ahondado en la definición de la propia felicidad, sin saber qué es específicamente para ti la felicidad y bajo qué parámetros te definirías como una persona feliz o infeliz.

Yo le he dado alguna vuelta, ya te imaginarás. Ya te he confesado que la felicidad, su búsqueda, su presencia o su ausencia es el centro absoluto de toda mi disciplina. Una podría creer que va al psicólogo para que le ayude a aclararse, a relajarse, a tomar una decisión importante; a dejar de darle tantas vueltas a la cabeza, a aprender a formar hábitos más saludables, a quererse más y mejor. En el fondo, es mucho más simple que todo eso. Todo lo que queremos los seres humanos, sea cual sea la historia por la que acabemos por decidirnos a buscar ayuda, es ser felices. Por eso estás leyendo este libro también, por eso te compraste los últimos pantalones, la pintura de uñas roja brillante o viste la última serie de Netflix. La búsqueda de la felicidad es el motor más grande de la vida, que nos empuja a seguir incesantes en el camino del progreso.

Y, sin embargo, sea cuando sea que estés leyendo estas páginas, hay una alta probabilidad de que al haberte topado con la pregunta anterior hayas contestado, como antes hemos dicho, con emociones y pensamientos de naturaleza mixta. En un porcentaje alto de los casos no se puede dar una respuesta contundente. Y esto tiene una explicación. El verdadero problema lo tenemos con la definición clásica de felicidad.

Russ Harris, en su maravilloso libro *La trampa de la felicidad*, explica cómo hay tres mitos asociados a la imagen popular de la felicidad que nos están haciendo daño. El primero consiste en la idea de creer que la felicidad es el estado natural de los seres humanos, la forma en la que una debería sentirse de manera más o menos permanente. Cuando comprobamos, como hacemos pronto, que no nos sentimos todo el rato así, chocamos con la insatisfacción que nos produce la sensación de no estar haciendo algo bien. La realidad es que el estado natural de un ser humano es un fluir incesante de emociones y pensamientos, como en un río que baja por una montaña, o siguiendo con la metáfora que el mismo Russ usa en su trabajo, como el tiempo climático, en continuo cambio. Imagina la frustración de pensar que el estado natural del tiempo es el propio de una tarde de verano, siempre con el cielo despejado, con el calor justo, el sol calentándonos los huesos y los pajarillos cantando. El resto del tiempo estaríamos luchando con la idea de que algo no funciona, que ojalá todo volviese a su estado natural. Con los pensamientos y las emociones pasa lo mismo; no vivimos en un permanente verano, y eso es lo lógico, la ciclicidad es connatural a la experiencia de estar vivo.

El segundo mito que menciona Russ es asimilar el concepto felicidad a sentirnos bien. Esto puede ser una gran trampa, porque piénsalo, ¿cuánto tiempo duran estas sensaciones? Una no puede ser nunca completamente feliz de ese modo, puesto que, como ya hemos apuntado antes, las emociones son transitorias como lo son los fenómenos atmosféricos. Párate aquí conmigo y haz el ejercicio de volver al día más feliz de tu vida. Piénsalo bien, repasa cada momento de ese día. ¿Fue de verdad todo absolutamente perfecto en la manera como tú lo vivenciaste? ¿Hubo algún sentimiento malo o desagradable?

Recuerdo el día que presenté *Las mujeres de la familia Medina* (Almuzara, 2019) en mi pueblo, frente a mi familia y mis amigas de siempre. Ese día vi cumplido mi gran sueño de ser una escritora de ficción orgullosa de su propia obra. Los nervios, la emoción, la cabeza diciéndome que no vendría nadie, la explosión de alegría al ver la sala llena, la tristeza de tener a mi hermana Blanca tan lejos, después de lo mucho que siempre me ha acompañado en este sueño mío, la vergüenza de no saber si daría la talla; sentía todo el arcoíris de emociones propios de un gran momento. ¿Fueron agradables esas emociones?, ¿todas me hicieron sentir bien? Ya te avanzo que no. Algunas fueron muy incómodas de sostener. Porque vivir, incluso en su mejor versión, no es fácil. Así, la felicidad supondría vivir una existencia plena, rica y significativa, con todas las emociones que la vida trae. Supondría atrevernos a hacer cosas, como presentar un libro en el que has dejado corazón y medio frente a tus seres queridos, aunque la vergüenza y el miedo escuezan. Pero es que aquello que nos llena la vida —construir una carrera profesional, cuidar tu imagen corporal, tu salud, tus relaciones personales, tus proyectos, enamorarte— no nos trae solo emociones positivas. Todo lo que merece la pena nos pone en el filo de emociones que cuesta sobrellevar.

El tercer mito de la felicidad es creer que, si no te sientes feliz, algo falla en ti, y esta es una gran falacia. La vida es difícil y, por si fuera poco, la mente ha evolucionado para que pongamos más atención en lo negativo, en aquello que puede dañarnos. Si lo piensas, tiene todo el sentido, ya que la mente es un artefacto preparado para que evitemos el dolor, para que sobrevivamos, para que nos anticipemos. Patologizamos las experiencias humanas, cuando no sentirse feliz, a veces, es absolutamente normal porque, como ya hemos dicho antes y todas sabemos bien, la vida es difícil.

Esta nueva manera de entender la felicidad abre las puertas a otro entendimiento mucho más flexible, más realista, que nos hace sentir mejor. De este modo, podemos sentir toda la gama de emociones, ninguna está prohibida, todas son naturales, son parte de la vivencia de una mente normal.

La felicidad es progreso

Tras leer esta nueva definición de felicidad, te pregunto otra vez: ¿Eres feliz? Sabiendo que para serlo no has de estar bien siempre y que la felicidad tampoco tiene que ser el estado natural de las cosas, ¿eres feliz? Yo reconozco que, viéndolo así, soy bastante feliz. No me siento bien todo el tiempo y entiendo que es lo normal, pero siento que mi vida, en general, es bastante plena.

Me gusta tremendamente la idea de concebir la felicidad como efecto secundario, no perseguido directamente, como consecuencia de cultivar en nuestras vidas ciertos valores, como producto de vivir una existencia alineada con lo que nos hace sentir bien, lo que nos importa, lo que es valioso para nosotras. Con esa definición, mucho menos estrecha e imposible, me siento más cómoda y relajada, menos ansiosa por entender que también yo tendré mi parte del pastel.

Para ser felices basta con hacer espacio a esta nueva definición de felicidad y poner nuestro empeño no en perseguirla por sí misma, sino en dejarle que suceda como mero efecto secundario, como producto de cultivar la vida que encaja con nuestras ilusiones y pasiones más íntimas. Pero hay otro ingrediente que aún no hemos comentado y que es inherente a la insaciable naturaleza del ser humano; para ser feliz hay que estar, de un modo u otro, en constante progreso.

Deja que te explique esto porque podrías no entenderlo de la manera en la que yo quisiera que lo hicieses, y me da miedo pensar que puedas caer en la trampa de la rueda del hámster. Ningún componente de la felicidad está escondido bajo la hiperproductividad y la multitarea obsesiva a la que se nos obliga a las mujeres por mandato de género. Lejos de eso, cuando hablo de progreso hablo de sostenerte en un constante estado de crecimiento, en conexión permanente con tu *Faro*, en caminar de manera sistemática hacia la persona que quieres ser y alejarte del mundo que quieres dejar tras de ti, con tus incongruencias e inconsistencias, por supuesto, pero también con intención. El sufrimiento se instala cuando te pierdes en todo esto que, como te digo, poco tiene que ver con el hacer por hacer.

Alejémonos de la idea de felicidad como la conquista de la cima de una montaña concreta, porque la investigación demuestra que, tras ese éxito, muy pronto entramos en un proceso de *adaptación hedonista*: una vez alcanzada aquella expectativa, que durante su persecución creíamos que nos produciría inmenso placer, pronto nos resulta parte natural de nuestra vida. Seguro que sabes de qué te hablo; llevas meses, años pensando que todas tus preocupaciones se acabarán cuando consigas un objetivo concreto —aprobar ese examen por el que tantas noches te has quedado sin dormir, saldar el último pago de una deuda que te ha traído cierta angustia, entregar ese proyecto al cliente que tantos malos ratos te ha dado, vender en condiciones los derechos de tu última novela—, pero lo cierto es que después de que esto ocurre, pronto sientes que has vuelto a tu estado base de satisfacción vital.

Pero que no debamos entender a la felicidad como la conquista de una meta no implica que la podamos creer estática. La felicidad es progreso, es sentir que caminamos en la dirección adecuada de nuestras vidas aquí y ahora, es mirar al futuro con optimismo y esperanza de que podremos ir a más, conseguir más, sentirnos mejor, pulir lo que hoy no funciona.

Cómo pensar bien

Desde tiempos inmemoriales, las mujeres hemos sido *brujillas*. ¿O es que no te lo han dicho nunca? Estamos cansadas de escuchar que sabemos mucho, que sabemos más que los hombres. No es que seamos más sabias o, más inteligentes, eso nunca; sino que disponemos de una habilidad casi mágica que nos predispone a tener pequeños pálpitos. Esto forma parte del imaginario colectivo desde el principio de los tiempos y ejemplo de ello son la brujería, el instinto maternal o la simple intuición femenina, esa maniobra patriarcal para permitirnos a las mujeres trabajar desde los márgenes del saber. A nosotras, se nos ha relegado la energía, lo esotérico, los presentimientos… mientras, a ellos, les corresponde el saber reglado, la genialidad, la erudición, la autoridad, la intelectualidad más racional y clásica.

Quizá me estás leyendo y estás pensando en que somos más intuitivas y sabemos más. ¿Es así? ¿Tenemos las mujeres más capacidad para reconocer determinadas cosas sin saber cómo? ¿Disponemos nosotras de algún tipo de habilidad especial que nos haga estar más conectadas con un conocimiento más energético espiritual?

La sabiduría popular, de cuya existencia podríamos dudar tanto como convendría hacerlo del sentido común, argumenta que las mujeres son más inteligentes emocionalmente y utilizan mejor su intuición. Una de las principales diferencias, según algunos de los estudios que se han hecho al respecto, entre el cerebro masculino y el femenino está en la corteza orbitofrontal y el sistema límbico profundo. Este sistema está involucrado en el procesamiento y la expresión de emociones, y en algunas investigaciones se ha observado que es más grande en el cerebro femenino adulto, lo que lleva a la creencia de que las mujeres son mejores para articular sus propias emociones y comprender intuitivamente a los demás. Cuidado, no hay cerebros de hombres y mujeres, hablamos de diferencias que podrían producirse por un procesamiento diferente, fruto del uso y el abuso y como consecuencia de los años.

Nuevamente, debemos protegernos de los estereotipos. Rasgos como la empatía y la compasión pueden variar ampliamente de acuerdo con la situación y, en algunas circunstancias, las diferencias de género pueden desaparecer por completo. Por el contrario, los componentes de la inteligencia emocional, como las habilidades interpersonales y la empatía, son capacidades que se pueden aprender con el tiempo, como lo demuestran muchos estudios sobre plasticidad —en este caso plasticidad emocional—. La inteligencia emocional, que está íntimamente ligada al concepto de intuición, es algo que claramente puede aprenderse. Obviamente, hay diferencias importantes en cómo cada una de nosotras participa en tareas en las que media la intuición, pero una explicación basada en nuestro sexo es pobre para ellos. Los hallazgos en neuropsicología no son necesariamente deterministas y, por lo tanto, no admiten explicaciones fáciles fundamentadas en estereotipos de género.

Pero hay algo que también me parece interesante de la famosa intuición femenina. De algún modo, esta disculpa la genialidad, al atribuir a la fortuna lo que podría pertenecer a la inteligencia o al esfuerzo que suponen la preparación y el estudio. Así, al saber de las mujeres se lo desprestigia a través de esta suerte de coincidencia que supone el hecho de que una mujer sepa algo porque sí, sin conocer por qué, fruto de una especie de energía asociada a su sexo que la predispone a ver lo que el varón no ve.

Es inevitable que hablemos aquí de socialización de género. Pensemos en la educación emocional que recibe la mujer, a la que se predispone más al juego simbólico, se le dan muñecas nada más nacer, por ejemplo, se la incluye en determinadas conversaciones desde muy pronto. Al hombre se lo socializa de otra manera, mucho más centrada en la tarea y menos en la emoción. En ese sentido, a la mujer se la entrena para comprender la clave social con mucha más precisión que al hombre, y eso tiene poco de mágico o de biológico y mucho de socialización de género. La realidad es que se elogia a las niñas por ser sensibles, mientras que se insta a los niños a ser más lineales en su pensamiento, en lugar de a escuchar sus sentimientos.

Pensar bien es el tema que nos ocupa en este capítulo por varios motivos. No hay abundancia femenina sin una mente cultivada ni posibilidad de *mansión propia* en un mundo en el que las mujeres no tenemos hueco en el escalón de la autoridad, de la racionalidad, en la alta esfera del conocimiento, que sigue sin estar reservado para nosotras más que, como afirma Amelia Valcárcel, a través de la dinámica de las excepciones. Así, solo mujeres con características muy superiores a la que se le requerirían a cualquier otro hombre en situación similar pueden ocupar esos espacios, y una vez que están allí, oímos al mundo decir: «¿Ven? Si ella puede, esta posibilidad está disponible para todas las otras».

Algunos datos sugieren que las mujeres desplegamos dosis más altas que los hombres de pensamiento mágico (aunque también es justo decir que hay más variabilidad intragrupo en nuestro caso que en el de los hombres). Es tan doloroso leer esto como para mí escribirlo. El pensamiento mágico se usa en psicología y antropología para referirnos a atribuciones carentes de lógica causal, a las que se llegan sin mediación de prueba empírica. Se trata de creer que podemos controlar el mundo solo con nuestro pensamiento, que solo de nuestra voluntad depende la salud y la enfermedad; o confiar a pies juntillas en los significados ocultos de los pálpitos y las señales.

Para nosotras están destinados los aceites esenciales, los remedios florales, la astrología y todos los métodos de adivinación. Si queremos generar verdadera abundancia necesitamos que la cabeza nos funcione bien y no dejarnos seducir por propagandas. Precisamos cultivar la cultura, el razonamiento abstracto, coger las riendas del pensamiento ejecutivo y de nuestra capacidad para perseverar en el largo plazo, y huir de mensajes vacíos y de curas milagrosas. No hay abundancia en el pantano del pensamiento mágico.

A nosotras están también dirigidas las frasecitas de pensamiento megapositivo que ya desde muy pronto regalamos a las niñas en forma de carpetas escolares, agendas o bolígrafos con unicornios, purpurinas y lenguaje condescendiente. Para nosotras es el lacito rosa contra el cáncer, la convicción de que tu mente todo lo puede (¡sonríe!). Aunque lo cierto es que los peligros de la felicidad forzosa no solo acechan a la infancia, sino que suponen un cierto imperativo moral que gira alrededor de las mujeres de cualquier edad. Tenemos que ser agradables, no molestar, mantenernos positivas y no dejar que un pensamiento impuro cruce nuestra mente, no vaya a ser que agarre.

Hay quien cuando oye hablar de psicología positiva confunde churras con merinas y considera que hablamos justo de una rama de la disciplina que aboga por un positivismo extremo, por la eliminación del sufrimiento a través del aumento del foco en lo bueno; pero eso, como ya sabemos, es una confusión común. La psicología positiva es una rama interesantísima de la psicología y, con abundante literatura científica, que ha sido bien contrastada en los últimos años, que cuenta con grandes autores como Seligman o Csikszentmihalyi, y que han venido a cambiar la perspectiva de mi profesión para siempre. Si en la psicología más tradicional habíamos puesto el foco en aquello que no funciona en el individuo para así poder ofrecer remedios adecuados, desde la psicología positiva se pretende estudiar las fortalezas, aspiraciones y motivaciones; equilibrar el peso de la experiencia en aquello que sí funciona para poder seguir remando en la dirección apropiada. Hablamos de promoción y prevención mucho más que de soluciones en este caso. Pero nada tiene que ver esto con la dictadura del pensamiento positivo.

Tratar de evitar un pensamiento negativo produce —paradójicamente— el efecto contrario, porque lo cierto es que no hay nada malo en una mente que se fije en lo negativo más que en lo positivo; es nuestro *default mode* y quizá casi debiéramos darnos las gracias. Como hemos dicho antes, contamos con un fantástico artefacto al que debemos la supervivencia de nuestra alucinante especie. Una mente normal hace lo que la mente sabe hacer mejor: anticiparse a catástrofes, inventar mil futuros apocalípticos, engancharse en historias que son como cables enredados, pensar en cómo y por dónde podrían entrar los leones en la cueva mientras dormimos. ¿Quién no se ve enmarañada mil veces al día por pensamientos distópicos? Nunca sabes cómo has entrado en el lío y pronto estás atrapada sin poder salir de él. En estos casos, lo mejor es no tratar de arreglarlo, porque no hay nada que no funcione bien, ese es el funcionamiento normal de la mente. Mucho más inteligente y útil es separarnos un poco, tratar de mirar la maraña de cables con cierta distancia y aprender a estar en paz con ese desorden, porque tal vez no es tal. Orden y desorden son atribuciones arbitrarias que se nos quedan muy cortas para algo tan inmenso como esto de lo que hablamos.

Y esta idea de utilidad, esta noción del pragmatismo aplicada al pensamiento es mucho más interesante que aquel anterior binomio positivo-negativo al que más arriba hice mención. Si bien etiquetar los pensamientos como buenos o malos, positivos o negativos no nos llevará muy lejos, sí que podría hacerlo esta nueva clasificación. Pondré un ejemplo para ilustrarlo: un pensamiento positivo, como «soy superinteligente y me bastará con leer las páginas en diagonal para conseguir grandes resultados en mi examen» podría resultarnos muy poco útil. Imagina solo por un momento la clase de esfuerzos que veríamos asociados a tan pobre actitud. Por otro lado, el pensamiento «existe un historial de diabetes en mi familia y es probable que yo llegue a desarrollar la enfermedad en algún momento», aparentemente negativo, podría ser desagradable, sin duda, pero tendría la potencialidad de inclinar nuestra mente a desplegar medidas al respecto. Alguien que tuviese este pensamiento con frecuencia y que, en lugar de considerarlo negativo y por ello tratase de apartarlo, lo concibiese como algo quizá no demasiado agradable, pero útil, no se excedería en el consumo de azúcares y harinas refinadas, saldría a andar con frecuencia, a pesar de la pereza, y buscaría información con la que asumir las riendas de su salud, cosa que no ocurriría si espantase el pensamiento como a una mosca y decidiese seguir el dictado del *carpe diem*. Por no hablar de que las emociones mal llamadas negativas, por ejemplo, pueden enseñarnos grandes cosas de la vida. De este modo, la tristeza, por remitirnos a un clásico, se asocia con estados más profundamente reflexivos que si viviéramos en permanente euforia no podríamos tener; por otro lado, personas que experimentan envidia, dice Susan David en su maravilloso libro *Agilidad emocional*, persiguen sus objetivos con más consistencia que aquellas que sienten mera admiración por los otros. Las emociones negativas son grandes informadoras de aquello que nos importa y mal favor nos hace evitarlas.

Ahora bien, útil o no, positivo o negativo, hay algo que convendría que tuviéramos claro: luchar con las fuerzas internas de la mente en un intento de controlar al caballo desbocado que todas llevamos dentro es una pelotera que te resultará del todo infructuosa. No se puede controlar la mente, no se puede dejar en blanco, no se pueden eliminar los pensamientos negativos, porque cuando acallas uno, aparecen otros cien en su lugar. No merece la pena intentarlo y, aunque funcionara, teniendo en cuenta el esfuerzo titánico que esto supondría, ¿es a esto a lo que quieres dedicar los siguientes veinticinco años de tu vida? Si eres como cualquier otro ser humano, la respuesta probable es no. A lo que tú deseas dedicar los siguientes veinticinco años es a crear recuerdos memorables, a surfear las olas que te traiga la vida, a capotear los temporales, a ver películas con tus seres queridos mantita y café en mano, a celebrar fiestas con aquellos que te importan, a bailar, a reír, a leer grandes libros, a pasear e ir al campo, a cultivar los valores que son para ti un *Faro*. Y no a luchar contra tu mente en búsqueda de una paz mental que, habiéndote perdido todo lo anterior, no llega.

La toma de perspectiva

Antes de que comencemos la segunda mitad de este libro querría pedirte que volvieras a confiar en mí y me dejaras llevarte de la mano en una visualización guiada, aunque te anticipo que esta vez no va a ser tan agradable como anterior (al fin y al cabo, ¿qué se te ocurre más agradable que visualizar tu mejor vida?). Además, hemos explicado que aquello que no es agradable también tiene su lugar en una vivencia normal, así que hagámosle espacio.

En esta ocasión y siguiendo con la línea de trabajo según la cual hay pensamientos útiles y otros que no lo son, vamos a probar juntas algo, pero para comenzar desde donde debemos, quiero que entonemos un reconocimiento compartido, una confesión desde la honestidad más brutal: aquí y ahora tú y yo sabemos que hay algo que te está separando de una vida más plena y que está a tu alcance. Ese algo puede venir disfrazado de muy distintas cosas; quizá llevas años fantaseando con la idea de tener tu propio proyecto, pero nunca encuentras el momento de sentarte a desarrollarlo. Podría ser que desde hace años quieras escribir tu propio libro, pero la urgencia del día a día te atropella y al final ves a tu sueño irse más y más lejos de ti. Se me ocurre que tal vez querrías estar en mejor forma y cuidarte más, porque te quieres y te lo mereces, pero llega el viernes, la pizza y Netflix, y entras en estado comatoso hasta bien entrado el martes, cuando vuelves a reaccionar, pero solo hasta que llega el siguiente viernes, y con una ventana tan pequeña de autocuidado ves a tu salud y a tu energía resentirse conforme pasan los años y quieres decir basta, pero madre mía qué difícil es. Otro tema que podría separarte de una vida mejor es el deporte; si eres demasiado sedentaria, como yo tiendo a serlo en ocasiones, notas cómo la falta de actividad física estropea tu día a día y te pone en situación de riesgo de vivir un futuro simplemente peor. Por eso quiero que cojamos las riendas y comencemos por aceptar que alguna de estas cosas podría estar en nuestra mano. Con eso vamos a trabajar. Eso es empoderamiento.

Esta visualización guiada, que ya te he advertido que va a ser más molesta que la anterior que hicimos juntas, va a crear una imagen incómoda con la que tenemos la necesidad de enfrentarnos. No te digo más, no quiero espantarte. Solo dale una oportunidad.

Deja que te guíe con mis palabras, no hace falta que hagas nada.

Puedes entrar en www.mariafornet.com/una-mansion-propia-2 o escanear este código con tu móvil para escucharla:

Allá vamos.

Vas a tratar de volver la mente a tu respiración.

No necesitas forzarla, simplemente préstale atención.

Inspira y expira.

Inspira...

... y expira.

Ahora abre el ojo de tu mente para ver con claridad esto que te cuento.

Vas caminando por un camino de piedras.

Has de tener mucho cuidado para no tropezar, así que vas mirando al suelo todo el rato.

Hace bastante calor y estás sudando, así que deseas encontrar un lugar donde protegerte del sol, que está apretando fuerte.

Al fondo, divisas una pequeña cabaña y decides aproximarte a ella.

No tiene un aspecto demasiado atractivo, pero al fin y al cabo necesitas parar y descansar.

Te duelen los pies de tanto andar y hace tanto, tanto calor.

Tendrías que haber escogido otro calzado y te molesta no haber caído en ello antes de salir.

El sol te está abrasando los hombros.

Sigues andando con esfuerzo.

Ya casi estás.

Llegas a la puerta y te encuentras con que, por dentro, la casa está absolutamente vacía.

Solo hay un sillón de cuero y un gran proyector frente a él.

La idea de sentarse sobre el cuero con esta temperatura no te hace excesivamente feliz, pero no tienes más opciones.

Al tomar asiento y, sin que hayas activado nada, comienza una película frente a ti.

Tardas poco en darte cuenta de que la protagonista de la historia eres tú, pero esa no es tu vida de ahora.

Qué raro es verte a ti misma ahí en frente.

Los hechos que estás viendo ocurren justo dentro de cinco años.

Lo que ves no te hace sentir cómoda.

Tu vida laboral está estancada.

¿Por qué no tomaste aquella decisión y perseveraste?

Solo verlo te hace sentir enfadada y frustrada. Esta no es la vida que querías para ti.

Tú querías llevar las riendas de tu carrera, seguir un camino que te hiciera feliz.

Pero tuviste cosas en tu mano que no hiciste y eso no te hace sentir orgullosa.

Te molesta verlo.

Párate aquí y cierra un momento los ojos para averiguar qué ves.

Por suerte, pronto pasamos a la siguiente parte de la película, aunque tú todavía no sabes que tampoco va a ser bonita.

Ahora los fotogramas proyectan otra parte de tu historia, también en la misma realidad temporal que la anterior: tu vida personal dentro de cinco años.

Al ver cómo es, sientes tristeza por no haber cuidado una relación con alguien que merecía la pena.

Quizá ese alguien es tu pareja actual, tu madre, una hermana o algún buen amigo.

Ves cómo, con el tiempo, todo entre vosotros se ha resentido y esto te aflige.

Ojalá lo hubieras llamado con más frecuencia, ojalá te hubieras dejado llevar menos·por emociones transitorias.

Porque ahora, cinco años después, tu vida personal no tiene el aspecto que habrías deseado.

Te pido que cierres por un momento los ojos e imagines bien todo esto que te cuento.

¿Lo ves?

Te levantas del asiento, con la espalda empapada en sudor y te largas.

Pero al salir de la cabaña algo ha pasado.

Corre viento fresco y el sol se encuentra en posición más baja.

Aquel sendero de piedras que antes caminaste con dificultad ahora parece allanarse y asentarse a tu paso.

Los grandes pedruscos con los que al principio tropezabas son ahora apenas gravilla.

Una pequeña bifurcación se abre camino hacia la arena de la playa.

De repente, necesitas más que nunca sentarte frente al mar a reposar.

Abre bien el ojo de la mente y empápate de este lugar.

Por fin descansas y, a pesar del mal trago de ver cómo el futuro podría tener un aspecto que no deseas, sientes cierta paz.

Respiras mientras contemplas el mar y entiendes que has tenido una oportunidad única de ser testigo del lugar al que podrían llevarte ciertas decisiones.

Una no tiene oportunidades así cada día.

Esto tiene el potencial de darte una claridad absoluta sobre ciertos temas.

Podría cambiarlo todo.

Agarra esa sensación, que ya es tuya.

Ahora, poco a poco, vamos a volver, y para eso te pido que vuelvas poco a poco a centrarte en tu respiración.

Vuelve a poner el foco en el ritmo natural de tu respiración.

Inspira, expira.

Inspira...

... expira.

Dirige tu mirada a tu alrededor.

Conecta con la habitación o el lugar desde el que has leído esta historia.

Ya estamos de vuelta.

Esta visualización nos pone en perspectiva por muchos motivos y nos recuerda que aquello que hacemos hoy influye directamente en nuestro futuro; que el puente entre tu yo presente y tu yo futuro está compuesto por ladrillos en los que tú tienes un gran potencial que poner de tu parte. Con frecuencia, olvidamos que nuestro yo futuro seremos nosotras mismas y no otras, seres que sienten, que sufren de manera similar a como lo hacemos nosotras. Tenemos tendencia a patear los problemas hacia adelante, justo por nuestra incapacidad para conectar en profundidad con la idea de la pérdida. Cuando pensamos en el lugar trágico al que podrían llevarnos una serie de malas decisiones, desconectamos de la emoción que nos produce y pasamos a lo siguiente, ya que duele demasiado.

Es importante entender cómo podemos generar abundancia desde la conexión con la posible pérdida, porque nos hace tomar conciencia del regalo tan preciado que es la vida. Déjame contarte algo extraño: yo estudié en un colegio religioso y recuerdo que, en el oratorio y desde muy pequeñas, los sacerdotes nos guiaban en meditaciones relacionadas con la muerte. Lejos de resultarme horribles, te reconozco que me inspiraban y siguen haciéndolo. Nos hacían imaginar el momento de abandonar esta tierra y cómo querríamos ser recordadas, qué emociones querríamos que en esos momentos nos acompañasen.

Hoy por hoy no estoy segura de que ese sea un enfoque correcto durante la infancia, este es tema peliagudo y no es mi especialidad, pero sabiendo como sabemos que la conciencia de la muerte aparece en los niños cerca de los cinco años, creo que, en su lenguaje y de un modo progresivo, es buena idea enseñarles el sentido de agradecimiento por el regalo que es el presente. Los ejercicios de toma de perspectiva nos permiten desligarnos de la urgencia del día a día, de las marejadas emocionales del presente, para situarnos en un punto más alto, en el que a vista de pájaro poder disfrutar de una posición más estratega, más sabia, con más información de la que solo disponemos en el aquí y en el ahora.

También nos regala la oportunidad de reescribir nuestra historia, de pensar en el tipo de personas que queremos ser y utilizar esta clase de ejercicios para ponernos en la tesitura de descubrirlo. ¿Qué quisieras que dijeran de ti cuando te vayas?, ¿qué querrías conseguir por lo que no estás hoy por hoy trabajando? Aplicar perspectiva nos da la oportunidad de tomar conciencia de las historias que nos contamos sobre por qué estamos o no estamos llegando a donde querríamos en nuestras propias historias.

Y una vez bien trabajada la base, bien construidos los cimientos de la imaginación de una gran vida estamos, como poco, un paso más cerca.

CÓMO CREAR
UNA GRAN VIDA

Abundancia como autocompasión

He considerado fundamental comenzar esta segunda parte del libro hablando de la autocompasión, porque conforme más años cumplo, más convencida estoy de la importancia de tratarnos con respeto y cariño.

Pero antes de entrar en materia, déjame hacerte una pregunta increíblemente sencilla: cuando algo no te sale bien, que supongo que ocurre a menudo, ¿cómo te hablas a ti misma? ¿Qué te dices cuando te caes? ¿Cómo te diriges a ti misma cuando has metido la pata, has dicho lo que no querías, has mostrado tu peor cara en un mal día? Apuesto a que depende de muchos factores, pero, en general, ¿dirías que eres fundamentalmente compasiva contigo misma?, que te dices: «Escucha, lo estás haciendo lo mejor que puedes, ¿eh? La vida es difícil, no te fustigues». O que, sin embargo, te dices algo más parecido a esto: «¿Ves? Así no vas a llegar a nada, siempre has sido igual y siempre lo serás». Supón que planeas con ilusión la semana, estableces metas realistas y ajustadas, preparas todo en condiciones para asegurarte de que cumples con tus altos estándares y entonces algo se tuerce. Digamos que te duele la cabeza; que estás cansada y no te apetece; que te saltas a la torera todo aquello que habías planeado hacer esta semana y tampoco es algo que hagas siempre, es que simplemente hoy, esta mañana, en este preciso instante... no quieres. ¿Qué te dices? ¿Sacas el látigo? ¿Pasas página?

Como he mencionado más arriba y con toda probabilidad, habrá días en los que seas más dura que otros, y esto es parte de cómo se desenvuelve una mente normal a través de las marejadas de los acontecimientos, pero mi pregunta iba dirigida a saber si existe una tendencia o un patrón, una propensión más o menos estable a relacionarte contigo misma de un modo u otro, porque lo que voy a contarte en este capítulo es que la manera como te tratas, importa. Lo que te cuentas, cuenta; que esa forma particular que tienes de habitarte afecta a todo.

Aunque es un concepto originario de Oriente, lo encontramos bien introducido, operativo en esta parte del mundo y desgranado en los escritos de Kristin Neff o de Paul Gilbert, renombrados estudiosos occidentales de la materia. La autocompasión no es más que tratarse con amabilidad a una misma. Así de sencillo y así de difícil. Aprender a quererse y demostrárselo a una misma como solo una misma debe, reconociendo nuestras limitaciones y entendiendo que estas suponen una humanidad compartida. Nadie es perfecto, al fin y al cabo, ni falta que hace. Y esto, además de justo, bonito y agradable, resulta ser tremendamente productivo, ya que tratarse con autocompasión aumenta la felicidad y —aunque esto suene contraintuitivo— nos acerca a nuestras metas. Según un estudio de 2007 publicado en el *Journal of Research in Personality*, la autocompasión se asocia con mejores estados de ánimo y con mayor afecto positivo, lo que se relaciona con factores como la felicidad, el optimismo, la sabiduría, la iniciativa personal y la curiosidad. Casi nada.

Pero cómo construimos esa vocecita, ese *self talk*, esa personita que vive en nuestra cabeza y nos acompaña más de lo que lo hace nadie con su incesante repiqueteo, su constante bombardeo de ideas intrusivas, merece atención aparte. La manera como te hablas a ti misma se desarrolla a lo largo de una vida entera y en ella ejerce un gran impacto el proceso de la socialización. El modo como tus padres se dirigían a ti de niña, ya fuera con respeto, paciencia y cariño o, por el contrario, con indiferencia, falta de tacto, con agresividad incluso, pone las bases de cómo te hablarás después. Pero ya sabemos que todo el proceso de socialización del mundo no va de nuestra mano: vendrán los colegios, las amigas, las primeras relaciones afectivo-sexuales y las de después. Influirán, en él, los libros, las películas, los amigos de amigos, los referentes a los que admiremos u odiemos y todos los modelos de conducta a los que seamos expuestos. Después esa voz se someterá a las leyes que gobiernan la ciencia comportamental: ciertas rutas se verán reforzadas, otras se extinguirán pronto, casi en la salida. Y del producto de cientos, miles, millones de conexiones nacerá esa voz única con la que te identificas, pero que —ahora viene lo más importante que haya dicho yo hasta el momento— de ningún modo eres tú. La voz está dentro de ti, pero tú eres mucho más grande que ella. La puedes observar de lejos, puedes dar un paso atrás, metafóricamente hablando, y escucharla como la que se sienta en la cocina con una copa de vino y enciende la radio. Con atención y desapego, una puede escucharla y sentirse más o menos a gusto, compartir el tono o desaprobarlo, pero estaremos de acuerdo en que la voz de la radio, por molesta que a veces resulte, no tiene potencial para hacernos daño. Simplemente no puede, no dirige nuestra vida. Con la vocecita que llevamos dentro, pasa algo similar.

Y si esta voz es producto de un largo proceso de socialización, nos será fácil asumir que también la socialización de género habrá hecho aquí su trabajo. Las mujeres, cuya educación nos expone a altísimos niveles de exigencia, nos encontramos con una conversación interna que nos reclama, nos recuerda nuestro mandato de género de perfección, corrección, orden, delgadez y belleza. Y aunque no podemos cambiarla del todo, sí que tenemos la opción de manipularla en casos concretos y generar nuevas formas de conversar con una misma. Pensemos que, si sabemos que la socialización influye, es decir, que el contexto ejerce su influencia, podemos controlar parte de este. Así, las personas de las que te rodeas, la ficción que eliges consumir, los estímulos a los que expones tus sentidos pueden, en parte, ser fruto de tu elección y como tal ejercer una influencia diferencial. Hay investigaciones interesantes al respecto. Por ejemplo, sabemos que, imponiéndole cierta dirección, cogiendo las riendas en lo que se puede, esta voz aumenta nuestra eficacia en situaciones en las que agradecemos un estímulo positivo. En un estudio, las personas que usaron la primera persona al hablar consigo mismas antes de una tarea fueron menos efectivas que aquellas que se hablaron a sí mismas en segunda o tercera persona. «María, sigue esforzándote así, lo estás haciendo genial» funcionaría mucho mejor que «me estoy esforzando mucho, lo estoy haciendo muy bien». Intenta recordarlo. Algunas investigaciones sugieren que la autocompasión influye no solo en la manera como nos tratamos a nosotras mismas sino en cómo tratamos a los demás: si me respeto, si me entiendo, aumento las probabilidades de respetar y tratar mejor a los demás.

Pero nadie tiene control absoluto de lo que dice la vocecita de la radio y es primordial tenerlo presente. Qué pelea tan infructuosa, qué gran pérdida de tiempo vital la de aquella que cree que puede coger las riendas de su mente y convertirla en una balsa de aceite. Mucho más productivo, autocompasivo y fructífero nos resultará desapegarnos de esa voz, verla como lo que es; un producto lógico de ciertas contingencias, de determinados reforzamientos y extinciones, de un largo proceso de socialización. Dedicar la vida a moldear esta voz como tarea primaria no es probablemente el tipo de aventura en la que querríamos embarcadas. Imagina el tiempo que nos quitaría para vivir la vida desde el ruedo, que es justo desde donde todas ansiamos vivenciarla. Al final, una no quiere vivir en su mente, dedicar la mañana a barrer la alcoba de su psique y las tardes a recolocar los figurines en cada pequeña mesilla de la estancia principal de nuestro ego para que nada caiga y nada se amontone, porque mientras esto hacemos, mientras acicalamos la mente y la limpiamos de pensamientos impuros y nos reprochamos «no te digas esto ni aquello ni uses este tono», la vida pasa y ya no vuelve.

Componentes de la autocompasión

Si seguimos lo que nos dicen los grandes estudiosos de la materia, la autocompasión se sustenta sobre la base de tres grandes ejes. El primero, el más clásico, es la autoamabilidad como oposición a la autocrítica, como una manera de tratarse a una misma de modo primordialmente amoroso, afectuoso, cuidadoso en la forma y el fondo. El segundo componente es la humanidad compartida, una idea que va en contra del sentimiento de aislamiento del mundo. Consiste en poner el foco en todo aquello que nos une, en ese vínculo invisible de conexión de unos seres con otros que nos recuerda que lo que compartimos es mucho más que todo aquello que nos diferencia.

Y el tercer eje de la autocompasión es la atención plena como manera de relacionarte con tus propios pensamientos o tus emociones, y que se opone a la autoidentificación. Se trata de un modo de habitar tu mente desde el desapego, adoptando una perspectiva amplia de la experiencia.

Es importante señalar que autocompasión no es lo mismo que victimismo, una actitud que exagera los problemas propios y venera el ego, mediante la que la persona se siente atrapada por su problema emocional individual, fuera del marco de la humanidad compartida, exaltando el malestar personal y creyendo que nadie más, o muy pocas personas, pasan por situaciones mentales de similar calibre. Una persona autocompasiva, muy lejos de creerse excepcional, reconoce que la vida es complicada, que todos pasamos por situaciones difíciles a lo largo de nuestra historia y que una situación concreta no durará para siempre.

Por otro lado, autocompasión es un concepto claramente superior y más interesante que el clásico de la autoestima, porque el individualismo que supone este último se opone a la posibilidad de la humanidad compartida que nos ofrece ser compasivas con nosotras mismas, y gracias a ello el sentimiento de pertenencia a un todo subsana las diferencias individuales, las pequeñas derrotas, los fallos de cada una.

Estoy razonablemente segura de que a estas alturas te he convencido de que ser autocompasivas es una buena manera de estar en el mundo, pero no querría acabar sin la contundencia que nos regalan los datos. Sabemos que la autocompasión activa el sistema de relajación, nuestro sistema parasimpático, incluso aumenta la oxitocina y la generación natural de opiáceos, que favorecen la salud tanto a corto como a largo plazo. De este modo, mejora nuestro sistema inmune, reduce la inflamación de los tejidos y ajusta la reactividad del sistema nervioso autónomo. Además, como hemos explicado, nos equipa para que cumplamos mejor nuestras metas y conectemos con nuestros valores a través de la no identificación con el pensamiento o la emoción del momento. La autocompasión, al hacernos el inmenso regalo de la perspectiva y el desapego, nos permite que sea la intención quien guíe nuestra vida, y no la emoción transitoria, que es justo lo que queremos. Así, la autocompasión nos acerca a nuestro *Faro*.

Sabemos también que las personas que despliegan mayores niveles de autocompasión tienen menos probabilidades de comportarse como duras críticas consigo mismas y, por ende, menos probabilidades de desarrollar síntomas como la ansiedad o la depresión que, a su vez y como es lógico, reducen, y en mucho, la satisfacción general con la vida. Como resultado, es más probable que sean felices, resilientes y optimistas sobre el futuro. Al final, quienes son compasivos experimentan una mejor salud mental. La literatura sobre la autocompasión también nos informa de que su práctica incrementa la *self improvement motivation*, es decir, las ganas intrínsecas de hacer las cosas mejor, de perfeccionarnos, de progresar.

Quizá el mayor —tal vez el único— problema que tienen los libros es que no nos obligan a poner en práctica lo que aprendemos y, aunque una podría caer en la tentación de creer que una vez que un concepto está bien masticado, ya está aprendido, lo cierto es que nada sustituye al poder de la experiencia. De este modo funciona el cerebro. Si quieres cambiar algo, debes enseñarle a tu sistema nervioso cuáles son las nuevas rutas por las que a partir de ahora queremos conducir —y después repetírselo una y otra y otra vez—. Así que hazme caso y hagamos juntas este ejercicio.

Como en las veces anteriores, te animo a entrar en www. mariafornet.com/una-mansion-propia-3 o a escanear este código para dejarte guiar por mi voz.

Comenzamos.

Céntrate en la respiración por un momento.

Inhala...

... Exhala.

Inhala...

... Exhala.

Trata de pensar en una situación difícil que hayas vivido en los últimos treinta días. Nada superdifícil, algo, digamos, complicadillo. Quizá un momento de los últimos días que te dejase con la sensación de que no llegaste a manejarlo como habrías querido, en el que perdiste un poco los nervios, del que no te sientas del todo orgullosa.

Para un segundo aquí conmigo y piénsalo.

Hazme caso, esto es útil.

¿Lo tienes ya?

Bien.

Sujétalo en el ojo de la mente.

Ahora vamos a hacer un pequeño ejercicio que no nos llevará a nada y que supone navegar a través de los tres grandes componentes de la autocompasión de los que hablamos al principio de este capítulo que, como dijimos, eran la autoamabilidad, la humanidad compartida y la atención plena.

1. Comienza por reconocerte a ti misma que esta es una situación de sufrimiento. Dite que esto te está costando, admítelo, es decir, conecta con la situación y atiéndela.

2. Ahora trata de recordar que sufrir es una parte normal de la vida. De esta forma, atiendes a tu humanidad compartida. Intenta usar el lenguaje que te sirva a ti. Por ejemplo: «María, es normal sentirse así, mucha gente se siente como tú».

3. Para acabar con este ejercicio, para un momento a preguntarte a ti misma: «¿Cómo podría ser amable conmigo en este momento?». Cierra los ojos y pon tu mano en el pecho y pregúntate: «¿Cómo podría cuidar de mí?».

Haz espacio en este momento para sentirte tal y como eres, para escuchar de verdad cómo estás.

Para atenderte, para crear abundancia desde el amor propio.

Y cuando hayas hecho esto, agarra con fuerza esa sensación y vuelve, poco a poco, a abrir los ojos.

Abundancia como paz mental

Si sabes quién eres, sabes qué hacer

Crear abundancia en tu vida pasa por vivir con intención y tomar decisiones sobre la manera como quieres habitar este mundo. Y esta pregunta enorme, que podría parecer inabarcable, es la base de todo mi trabajo y la respuesta que, en mi opinión, los humanos más buscamos.

¿Yo qué quiero hacer con mi vida?

¿Yo quién quiero ser?

¿A mí qué me importa de este mundo?

¿Qué me mueve?

¿Qué me hace feliz?

¿Qué me molesta?

¿Qué tipo de relaciones quiero cultivar?

¿Cómo me siento mejor?

¿Qué quiero que llene más mis días?

¿Estoy más a gusto pasando la mayor parte del tiempo sola o acompañada?

¿Me siento más cómoda dedicándome a tareas ordenadas y tranquilas, o creativas y parcialmente caóticas?

¿Qué hace que yo considere que una jornada ha sido un gran día?

¿Qué quiero que digan de mí cuando me vaya (porque me iré)?

Si la abundancia es progreso, déjame que defina la falta de este: el mayor potencial de estancamiento puedes debérselo a las dificultades con las que te encuentras a la hora de tomar decisiones. Sin levar el ancla, no hay avance. Quizá es esta nuestra mayor asignatura pendiente, y es desde luego la causa por la que siempre hay clientas llamando a mi puerta: cuando no sabes qué hacer y vives de forma permanente en la duda que vacila en tu mente, no hay manera de poner un pie detrás del otro para crear una gran vida. Todo es rumiar, darle vueltas a la cabeza, sentir angustia al ver cómo el universo sigue girando mientras tú miras desde el cristal de tu incómodo asiento, mientras deseas saltar al ruedo, pero sin saber muy bien cómo.

Es lógico que nos cueste. Decidir es asumir riesgos, es renunciar, lo que pone el acento en la pérdida; esto en lugar de lo otro, aquello y no esto que nos obliga a optar por un camino y no por aquel. Seguro que conoces a alguien que cada vez que toma una decisión se regodea en la pérdida, convive durante meses, años, con el duelo de lo que podría haber sido, nunca en paz con lo que sí que fue. Podría ser incluso que esa persona seas tú. Es una manera muy penosa de dirigir la propia vida y querría animarte a que seamos misericordiosas, porque créeme que nadie vive así porque quiere. Todas queremos combinar la justa dosis de paciencia y seguridad a la hora de coger las riendas, pero lo cierto es que decidir es un arte y sin la paz que nos proporciona aprender a tomar decisiones desde el lugar correcto, nunca vamos a ser capaces de crear ni de disfrutar de la abundancia en nuestras vidas, y esto será así por dos motivos. Por un lado, no podremos reconocerla por más que la tengamos en frente y, por otro, porque, además, tendremos verdaderas dificultades para mantenernos lo bastante firmes y durante el suficiente tiempo como para generar la energía que requiere tener éxito en un determinado campo, independientemente de lo que signifique eso para ti.

De modo que no hay abundancia sin toma de decisiones. La falta de estas se manifiesta de maneras muy diversas. La primera y la más básica es el atascamiento. Cuando se nos presentan varias opciones y procrastinamos la decisión, ya sea por miedo, por baja tolerancia a la frustración o por rebeldía, pasan las horas, los días y, en ocasiones, ¡los años!, y nuestra vida sigue en el mismo punto. No damos un paso al frente porque desconocemos qué implicaría equivocarnos o incluso estar en lo cierto. Y cuanto más tiempo pasamos mirando al camino de frente, desde el punto mismo donde nace la bifurcación; cuanto más contemplamos lo que tenemos delante y no damos un paso, más difícil se nos antoja el futuro. Y así pasa el tiempo, así nos paralizamos, y así impacta el atascamiento en nuestro autoconcepto, en aquello que creemos que es para nosotras y aquello que no.

¿Has escuchado alguna vez la expresión *easy choices, hard life; hard choices, easy life*? Diría que aplica a casi todo. Ya hablamos, al final de la primera parte de este libro, de la importancia de situar la mente en los contextos adecuados para, así, tomar la necesaria perspectiva, y creo que merece la pena que volvamos a traerla a colación en este apartado. La abundancia como paz mental supone vivir en tal estado de conciencia que nos proporcione la tranquilidad de saber que hoy por hoy caminamos por el camino adecuado. Esto implica tomar decisiones difíciles en algunos momentos porque conectan con la certeza de que nos abrirán la puerta de una vida mejor —las zapatillas de correr y no el dónut, por más que quisiéramos comérnoslo de un bocado mientras devoramos una serie de Netflix—. Decisiones difíciles, vida fácil; decisiones fáciles, vida difícil. Cuando caminamos, es bueno tener en cuenta el largo plazo, tanto es así, que me arriesgaría a afirmar que es conveniente sacrificar una parte de tu presente cada día por esa imagen futura de tu *Faro*.

La paz mental abarca muchas cosas, supone el cuidado de tu salud psíquica a través de procurarte, en la medida de aquello que está en tus manos, espacios de soledad y calma. Lugares en los que poder encontrarte contigo misma y parar a reflexionar, a contemplar la grandeza de la vida en su conjunto. Para eso necesitas parar y, si no sabes de qué hablo, pregúntale a una madre trabajadora con tres niños. Se trata de disponer de momentos de atención plena, crear paréntesis en la urgencia de lo cotidiano para respirar, para tomar un té al sol, para mirar una mariposa en el jazmín de la entrada.

Pero para disponer y disfrutar de tu paz mental hace falta que, por un lado, cultives ciertas actitudes (ecuanimidad, autocompasión) y, por otro, crees el hábito de pasar a la acción. Es necesario que entiendas que una existencia vivida desde la barrera no es una buena vida, que en muchas ocasiones es mejor tomar una decisión regular que no tomar ninguna, y que, sea como sea, precisamos de una serie de decisiones regulares para recoger la respuesta imprescindible para construir un radar en condiciones, y aprender qué queremos y qué no queremos en nuestra vida.

Procrastinar una decisión nos otorga un bienestar inmediato; una siente un alivio inmediato al evitar la emoción negativa que nos supone, inevitablemente, ser enfrentadas con la posibilidad de la pérdida. Pero seamos sinceras, ¿cuánto nos dura esa sensación transitoria? Pronto nos volvemos a dar de bruces con el mismo problema, que lejos de mantener su forma original, ha aumentado en tamaño, y su apariencia es monstruosa. Ahora tenemos el mismo problema de antes, solo que el tiempo le ha añadido una capa de urgencia y conflicto. Recordemos que no decidir es una opción en sí misma, aunque la alternativa de la no elección, en realidad, no existe, puesto que el tiempo pasa y las consecuencias de la no acción se amontonan. Raramente las cosas se quedan igual mientras no actuamos. Por regla general, las cosas empeoran.

No hay modo de que veas qué podría haber pasado si hubieses elegido otra opción. No sabes qué hay detrás de las otras puertas ni vas a tener forma de saberlo. Tras cada pequeña puertecita de la *matrix* de realidades paralelas tu yo vive una vida diferente a través de las diversas decisiones que has tomado. Idealmente, una se asomaría a la *matrix* para echar un vistazo a los finales a los que la llevarían cada una de las opciones que tiene delante, pero las leyes de la física nos impiden usar esta carta a la hora de tomar decisiones. Necesitamos hacerlo a ciegas, a sabiendas de que no hay manera humana de asegurarnos de que estamos escogiendo lo que debemos, sin posibilidad de asomarnos a la ventana del futuro.

Aunque aprender a decidir es fundamental para nuestra paz mental y la capacidad de tomar decisiones es, sin duda, un músculo que puede y debe trabajarse, no es siempre buena capacidad lo que encontramos detrás de muchas decisiones aparentemente eficaces. En ocasiones, decidir requiere de un cierto tiempo, de saber parar y escucharse. Algunas personas que tradicionalmente tildaríamos de eficientes cuando toman decisiones podrían no serlo tanto. Tras muchas decisiones rápidas, lo que realmente encontramos es una gran impulsividad y una baja tolerancia a la frustración. Son personas que, ante la incómoda sensación de la incertidumbre, saltan sin mirar al vacío, sin tener en cuenta los tiempos y los requerimientos propios que este necesita.

De modo que, llegadas a este punto, una bien podría pensar que no hay manera de acertar: si espera mucho, cae en las redes de la procrastinación, pero si no lo hace lo suficiente resulta ser presa de la pobre impulsividad. Y te diré que en cierto modo es así. En psicología no trabajamos con recetas exactas. Yo quisiera poder prescribirte ciertas instrucciones que te asegurasen cierto éxito, cierta paz, pero en el fondo no sería más que un fraude. Cada persona, cada momento, cada elección en particular posee sus propias normas intrínsecas, sus tiempos, que solo la protagonista de cada historia puede calibrar. Y aquí volvemos al concepto de paz mental; una debe y puede aprender a confiar en sus propias elecciones personales practicando la autocompasión —recordando que tomar decisiones es difícil, que nadie tiene una respuesta perfecta—, entrenando el músculo de la paciencia y practicando el ejercicio de la libertad. Ser libre es decidir y decidir es ser libre. Decidir es la manifestación máxima de nuestro libre albedrío y coger las riendas, atrevernos a dar un paso, es una gran manera de honrar la libertad, que es un concepto sagrado, y de generar abundancia en nuestras vidas.

No quisiera acabar este capítulo sin enfatizar el carácter práctico, porque nada de lo que yo te diga en este libro será interesante si no hacemos que supere la barrera intelectual. Nuestro cuerpo aprende a través del movimiento. Pensemos en el concepto de la memoria muscular, según el cual cuantas más veces repitamos un movimiento con conciencia e intención, más probabilidades habrá de que se establezcan las conexiones necesarias en nuestro sistema nervioso para que este sea registrado, memorizado y finalmente reiterado sin tanto esfuerzo. Podría perderme en uno y mil consejos para mejorar tu relación con la toma de decisiones y así vivir una existencia más conectada, puesto que si a algo me he dedicado profesionalmente desde la psicología ha sido precisamente a esto, a ayudar a otras mujeres a decidir, a hacer transiciones de un lado al otro y avanzar, pero no querría perderme en exceso aquí, puesto que es un tema que nos daría para otro libro completo. Seamos concretas en esto.

Si estás frente a una bifurcación del camino en tu vida y ya comienzas a sentir que no estar tomando partido por una opción empieza a producirte desgaste y a restarte paz, es el momento de dar un paso. Aunque podría darte muchas herramientas que podrían aplicar a tu caso, aquí va una sencilla, clara, directa, al alcance de todas, que puedes poner en práctica desde hoy: decide desde el futuro. Acepta la incomodidad del hoy y pon el ojo en tu *Faro*. ¿Cómo encajan cada una de las elecciones a las que me enfrento con la visión de mí misma, de mi vida, dentro de cinco años? ¿Me acerca este camino a mi mejor vida o me aleja? Si camino cinco años por cualquiera de estas dos alternativas, ¿me encontraré entonces más o menos lejos de aquella persona que yo quiero ser, de aquella vida que yo quiero alcanzar? Conectar con el futuro nos devuelve la perspectiva que, en ocasiones, perdemos cuando la emoción que nos produce una situación concreta nos sobrecoge y nos recuerda la importancia de tomar decisiones desde la intención, desde aquello a lo que queremos conectarnos, desde nuestros valores más cardinales, y no desde las sensaciones transitorias que revisten menos importancia y que están ancladas en el aquí y el ahora.

Abundancia como expectativa positiva

Una manera segura de generar abundancia en el presente es vivir no solo con la esperanza, sino con la expectativa, de que pueden ocurrir cosas positivas si vas por ellas. Esto es muy diferente a creer que si tienes pensamientos negativos el universo conspirará en tu contra. No quisiera que me malentendieses, hablo de algo mucho más mundano; de la apertura a la maravilla que es este mundo que habitamos, de conservar la capacidad de asombro y entusiasmo ante el poder del ser humano de dirigir su propio proyecto vital e instigar cambios a mejor en su entorno.

Pero qué fácil es mantenernos positivas cuando el dolor no se ha instalado en nuestra vida, cuando no hemos conocido el trauma, el Miedo con mayúsculas. Si me estás leyendo y sabes de lo que estoy hablando, tengo poco más que decirte. Si por suerte no tienes ni idea, aunque crees saberlo, te diré que hay experiencias que pueden marcar tu manera de comprender el mundo para el resto de tu vida, hacerte desarrollar una desconfianza natural hacia los otros, encogerte bajo el paraguas del pesimismo y dejarte invadir por la negrura de la negatividad. Si una ha conocido la noche oscura del alma, sabe bien esto que digo.

Durante algunos años dirigí un proyecto de psicoeducación en Londres en el que trabajaba con mujeres cuyos hijos habían sido víctimas de abuso sexual. En un alto porcentaje de los casos, había sido perpetrado por sus padres, sus abuelos, sus hermanos, los mejores amigos de la familia, los primos. ¿Cómo recupera una la fe en el mundo cuando aquellos a los que quieres te hacen algo así? ¿Cómo vuelve una a confiar? ¿Con qué cara me presento yo aquí a pedirle a nadie actitud y disposición de expectativa positiva? Una bien podría pensar que también esto es privilegio y, sabes qué, yo también tendría que darle la razón en eso. Lo es.

Hay, de veras, circunstancias que llevan al ser humano al límite del precipicio. He visto a madres creer que explotarían de dolor, que aquello tan de película de terror que vivían parecía que no acabaría nunca, que el dolor sería siempre elástico e infinito. Y quizá ahora esperes que te diga que todo pasa y que hay luz al final del túnel, pero si eso es lo que esperas es porque, como yo, puede que hasta ahora también hayas tenido la suerte de no conocer ese Dolor mayúsculo. Lo cierto es que hay pérdidas tan indigeribles que no hay manera humana de que llegue el día en el que seamos capaces de pasar página.

Superar el trauma es un concepto desfasado, inadecuado, desajustado. Ofensivo, incluso. Lo que sí sabemos hacer los seres humanos, con una buena dosis de paciencia y valentía, es hacer espacio al dolor, aprender a convivir con el hueco sordo de la pérdida —de la inocencia, de un ser querido, de la vida anterior—, para dar un nuevo sentido a nuestra existencia. No hay vuelta atrás ante determinadas circunstancias, pero hay algo que sí que es cierto, disponemos de la increíble arma de la resiliencia.

Ser resiliente es tener la capacidad de afrontar la adversidad. Es disponer de la entereza necesaria para sobreponerse a las dificultades saliendo, incluso y en ocasiones, fortalecida de ellas. Cuando hablamos de resiliencia, de lo que de verdad hablamos no es de superación, sino de capacidad de aceptación. De hacerte con la nueva situación y plantarte firme ante ella. En realidad, el vocablo *resiliencia* no proviene de la psicología, sino directamente de la física de los materiales. Este término expresa la cualidad de un resorte —resistir a la presión, doblarse con flexibilidad y recobrar su forma original—. Si lo piensas, la imagen de un resorte que rebota, que vuelve tras el golpe, refleja una parte importante de lo que entendemos como resiliencia. En la disciplina que a nosotras nos ocupa en este caso, que es la psicología, podríamos decir que la ciencia de la resiliencia comenzó hace poco más de medio siglo, cuando los pioneros en psicología, psiquiatría y pediatría andaban en busca de pistas sobre los orígenes de los problemas en el desarrollo infantil y de su mejor tratamiento.

Aunque hoy por hoy sabemos que para hablar con propiedad sobre resiliencia no bastaría con centrarnos en factores individuales, sino que habríamos de atender a la comunidad al completo como contexto en el que las personas la desarrollan en mayor o menor medida, una buena manera de construir resiliencia es evitar percibir las crisis como obstáculos evitables, porque en el fondo tú lo sabes y lo sé yo: el dolor es parte del juego.

Algunos estudios muestran una clara conexión entre empatía, gratitud y resiliencia, y su relación con la variable género. En particular. una investigación de Agnieszka Lasota, Katarzyna Tomaszek y Sandra Bosacki arrojó resultados interesantes, que mostraban que las mujeres obtenían puntuaciones más altas en empatía y gratitud que los hombres, mientras los hombres alcanzaban niveles más altos de resiliencia que las mujeres. La apertura a nuevas experiencias de vida (una dimensión importante de la resiliencia) surgió como el predictor más fuerte de gratitud en ambos grupos. La resiliencia también sirvió como mediador entre la empatía y la gratitud, lo que difería según el género autoidentificado (el estudio se hizo basado en autoidentificación).

Hemos afirmado que la resiliencia en psicología positiva se refiere a la capacidad de hacer frente a lo que sea que la vida te depare, a lo bueno, que es más fácil, a lo malo, que es más complicado... y a lo peor. A estas personas que son capaces de levantarse tras caer las llamamos personas resilientes. El modo particular como una persona resiliente supera los retos y los desafíos ocurre mediante el uso de sus propios recursos personales, de sus fortalezas y otras capacidades positivas del capital psicológico como podrían ser la esperanza, el optimismo y la autoeficacia, cualidades de las que hemos estado hablando durante el desarrollo de este libro.

Podríamos perdernos en páginas y páginas y, con toda probabilidad, acabaríamos aburridas de tanto dato, porque lo que se sabe al respecto no cabría en cien librerías —la investigación en resiliencia ha ganado popularidad en los últimos años—, y aunque nadie duda de lo interesante que resulta profundizar en factores comunitarios, diferencias transculturales y demás concreciones que tengo por seguro que van a mejorar el mundo, lo que de verdad queremos aquí saber es cómo volvernos más resilientes. Sabiendo que la vida, antes o después, se nos va a poner del revés porque no hay manera de vacunarse contra el riesgo, cómo desarrollamos suficiente resiliencia para no rompernos por el golpe. Porque si alguna vez has sentido Dolor del fuerte, sabrás que esto es un miedo común: romperse y no volver a ser capaz de recomponerse; perderse tanto en el duelo, en la pena, en el miedo, en la ansiedad o en la negrura del alma que luego no sepamos reconquistar el camino a flote. Pues para eso tenemos la resiliencia.

Comenzaré por las buenas noticias. Incluso si el ambiente en el que has crecido y te has desarrollado no era especialmente resiliente, nunca es demasiado tarde para comenzar a desarrollar esta capacidad. No te mentiré, todo en la vida es más fácil con privilegios, pero eso ya lo sabías. Todo es más sencillo si tienes una cama por la noche y un plato caliente, un papá y una mamá (o dos mamás, una mamá, un papá o dos papás) que te cuida y te dice lo maravillosa que eres y lo mucho que te quiere incondicionalmente. Así se cimentan grandes edificios con sólidas bases, enormes ciudades que resisten terribles terremotos. De eso no cabe duda. Pero lo cortés no quita lo valiente. Tu caso puede no haber sido este, y aún con esas haber desarrollado —o tener por desarrollar— una gran resiliencia, porque ser resiliente no es un rasgo de tu personalidad, sino una cualidad dinámica con potencial para ser incorporada en la cajita de herramientas que una siempre ha de guardar bajo la cama para los días grises, a sabiendas de que estos vendrán.

Para desarrollar resiliencia debemos empezar por trabajar una mentalidad que perciba los obstáculos como retos más que como bloques contra los que nada se pueda hacer. Para ello, es importante mirar nuestra vida con perspectiva, con distancia, enfocadas en los pequeños progresos y con la vista puesta en nuestra capacidad de levantarnos. A veces, no tenemos claro exactamente cómo nos levantaremos, pero más vital es creer que seremos capaces de hacerlo que tener claro exactamente cómo. Hay un ejercicio interesante proveniente de la psicología positiva que podría ayudarnos en momentos complicados: desarrollar un plan de resiliencia. Tratemos de hacerlo juntas sobre la marcha.

Voy a pedirte que pienses en un momento reciente en el que superaste un desafío o algo doloroso e incómodo en tu vida. Quizá algo te hizo daño, quizá recibiste una mala noticia. Piénsalo por un segundo. Lo primero que vamos a tratar de averiguar es quiénes son las personas de apoyo que forman parte de tu red de emergencias. ¿Quién te ayudó a superar aquel obstáculo? ¿Quién usó las palabras adecuadas de ayuda? ¿A quién no fue una buena idea haber llamado? Tómate unos segundos para pensar en sus caras. Ahora pasa conmigo al segundo paso, el de la estrategia. ¿Cuáles usaste para ayudarte a lidiar con los pensamientos y sentimientos negativos que aparecieron como respuesta lógica a la dificultad? Por ejemplo, ¿meditaste, escribiste en un diario de gratitud? ¿Te fuiste quizá a caminar, necesitaste escuchar una canción o un tipo de música en particular? ¿Fuiste a darte un masaje, a bañarte a la playa? ¿Precisaste de más tiempo sola o acompañada? Conocerte es importante. Parar un momento a entender qué te ayuda es fundamental. Por último, pensemos en conductas orientadas a la solución. En aquella situación, en la que la vida se te complicó, te sentiste mal, necesitaste ayuda… ¿Qué hiciste que te ayudó? ¿Había algo que estuviera en tu mano para mejorarla activamente? ¿Estaba todo fuera de tu control y practicaste la aceptación radical? ¿Buscaste modos de planificar el futuro, nueva información, si esas actividades eran pertinentes en tu caso? Me es imposible saber qué tienes en mente ahora mismo, mientras me lees, así que tengo que confiar en que entiendes que no siempre hay algo que está en tu mano, pero a veces sí, y que hay que construir(se) ese equilibrio con justicia y autocompasión.

Bien. La finalidad de este ejercicio es que seas muy consciente de tus muchos recursos ante la adversidad y que sepas que nadie puede quitártelos. Podrán cambiar las personas de apoyo de una situación a otra, podrás necesitar de diferentes estrategias en función de la dificultad a la que te enfrentes. Recuerdo a Viktor Frankl, neurólogo, psiquiatra, filósofo judío y superviviente de Auschwitz, y su famosa frase: «Las fuerzas que escapan a tu control pueden quitarte todo lo que posees excepto una cosa: tu libertad de elegir cómo vas a responder a la situación».

Planificar como una manera de esperar más

Un estupendo modo de poner en práctica una actitud de expectativa positiva es vivir desde la estrategia. Planificar el futuro en la medida que se pueda dista mucho de creer que andamos haciéndole pedidos al universo como la que apoya los codos sobre la barra de un bar y busca con los ojos al camarero: «Ponme dos bebés para 2024 y la hipoteca pagada para 2030». Pero ¿qué ocurre si las cosas no salen como una quiere? ¿Qué pasa si tenemos la gran desgracia de vivir un duelo? ¿Qué ocurre si entramos en bancarrota antes de que podamos pagar la casa? ¿No es cínico planear cuando la mayor de las desgracias puede acecharnos a la vuelta de la esquina? ¿No es cínico planear cuando alguna de estas desgracias ya nos ha encontrado?

Vivir desde la expectativa positiva de que sabiendo a donde nos dirigimos y dividiendo el camino en pasos tendremos más probabilidades de llegar no es lo mismo que vivirla creyendo que podemos controlar el futuro. De una cosa a la otra hay una gran diferencia. Esperar y planear lo que nos hará felices nos acerca a nuestras metas futuras, de eso no hay duda, pero también nos llena de luz y optimismo el presente, aunque de ningún modo nos asegure los resultados que queremos. Solo nos acerca ostensiblemente más a ellos y nos hace el camino más amable, y eso ya es mucho.

Piénsalo así. ¿Crees que llegarás a aprobar una oposición, a terminar una carrera, a conseguir un gran ascenso, a correr una maratón o a escribir tu primera novela, sin antes haber puesto tu mente en la meta y en los pasos que te catapultarán al éxito? No es posible. Hablamos de esfuerzos que requerirán grandes dosis de energía y, para ello, deberás tener clarísimo tu *Faro*. Por eso, la mejor manera de apostar por tu futuro es ponerlo sobre el papel y hacerle saber lo que esperamos de él, nunca darlo por sentado. Explicarle al universo con claridad (sí, he dicho universo, una también sabe dejarse llevar por el *brillibrilli* de vez en cuando…) lo que desea de él para encender una luz al fondo que nos guíe entre la neblina que es la urgencia del día a día. ¿O crees que te seguirás acordando de lo que quieres cuando lleguen los plazos límites en la oficina, los almuerzos con la familia, las fiebres de los niños, los embarazos? La vida tiene maneras de ponérsete en medio una y otra vez y lo mejor que podemos hacer por nosotras mismas es tener un plan claro. No solo cuando parece que podemos permitírnoslo; es justo cuando no podemos cuando más tenemos que apretar.

A primeros de marzo de 2020, enviaba a imprenta la primera tirada del programa que había creado durante todo un año. *El Faro: Guía para trazar un Plan de Vida* salía al mundo tras meses de trabajo y años de experiencia y formación profesional, con la ilusión de entrar en un mercado con un formato único y novedoso. Yo creía en él más que en mi vida. Estaba segurísima de que aquellas páginas recogían ideas importantes, conceptos y ejercicios que funcionarían de verdad como un *Faro* para todas aquellas que, con valentía y honestidad, se atreviesen a adentrarse en el programa. El día 14 de ese mes todo se paralizó en España: el Gobierno español decretaba de manera indefinida el estado de alarma que hoy, mientras escribo estas líneas, sigue vigente. Me encontré con un proyecto estancado en el que había puesto sangre, sudor y lágrimas. Y también, dinero. Bastante dinero. El mundo estaba patas arriba y, a mí, la idea de explicarte por qué planear era importante, en medio de una pandemia, no podía parecerme más cínica. Así que me encontré con la primera tirada preparada y toda la parafernalia que rodea un lanzamiento esperando a que llegase el día adecuado, sin saber si llegaría.

No tardé ni dos semanas en darme cuenta del error tan grande que había cometido. Me vi a mí misma organizando obsesivamente la agenda, teniendo conversaciones con otras mujeres sobre cómo afrontar todo aquello, sentándome con Gonzalo, mi marido, para barajar opciones y diferentes escenarios. ¿Cómo no iba a ser planear en ese momento más trascendental que nunca? Cuando todo se derrumba, controlar lo controlable es indispensable. A aquello le sucedieron meses de drásticas reducciones en nuestras libertades más elementales y atribuyo, en parte, a eso el gran éxito del que ha gozado *El Faro*. A pesar de las muchas voces que me dijeron con toda la sensatez de la que pudieron hacer acopio que no era el momento de lanzar nada, lo hice, y cuánto me alegro aún de ello.

Esta historia, lejos de ser una demostración pública de éxito personal —que bien podría, ya que es sano abrazar los triunfos propios y bonito compartirlos con otras mujeres—, pretende poner luz a una sencilla moraleja: hacer planes es apostar por caballo ganador siempre. Es un guiño a los reveses de la vida, un «sé que las cosas no están bien ahora, pero voy a poner lo poco o mucho que tengo en mis manos para que sí lo estén», un brindis al destino para recordarle que quieres que seáis buenos amigos, que tienes claro lo que esperas de él.

No me voy a detener en especificidades sobre planificación y sus muy diversos métodos, pero te dejaré aquí un par de datos interesantes que te van a ayudar a ponerte manos a la obra. El primero, que la literatura científica nos dice que planificar y ponernos objetivos claros aumenta con mucho nuestras posibilidades de llegar a buen puerto. Si tienes claro a dónde vas, tienes más probabilidad de no acabar a la deriva en cualquier lugar. El segundo dato es que sabemos que escribir sobre metas y planes personales, independientemente del tipo de meta, mejora el rendimiento. Es decir, no solo tenemos más probabilidades de acercarnos a destino (acabar de escribir una novela), sino que nuestro rendimiento será mejor (estará bien escrita). Creo que es importante tener estos dos antecedentes en mente cuando digamos que «planificar no sirve de nada: la vida te trae lo que te trae y tú respondes como mejor sabes». Vivir desde una actitud de proacción y no de reacción es una elección vital. No siempre te vas a encontrar con la fuerza para coger las riendas, y no pasa nada, también así está bien, pero recuerda esta premisa cuando las fuerzas disminuyan: un plan regular es mejor que ninguno.

Y ahora déjame que me desdiga de todo lo que hasta ahora te he dicho; coge lo que te sirva y deja lo demás. Si a ti planificar no te sirve, te angustia, te agobia… Si lo tuyo es fluir como el agua de los ríos… Por mí, genial. Solo contéstate con absoluta sinceridad: ¿te está funcionando? Si tu respuesta es sí, no hay nada más que hablar. Sigue con tu método y nunca dejes que nadie te diga que el suyo es mejor, porque el suyo es suyo y la que conoce tu vida y las particularidades de tu mente eres tú. Pero si no te está funcionando, si lo que te angustia de la planificación es ver que no la cumples… ahí hay trabajo que hacer. Vente conmigo a *El Faro*. O siéntate y comienza poco a poco. Piensa en dónde quieres verte en un año y divide todo el trabajo que deberás hacer desde ese punto hacia atrás. Apaga el móvil y cierra la puerta de la habitación. Hazte con un buen puñado de folios en blanco y varios bolígrafos de colores. Di a tu familia que no te moleste durante la siguiente hora y pregúntate lo siguiente:

1. ¿Cuál es la primera cosa que harías si ganaras la lotería?
2. Si mañana recibieses la noticia de que tienes una enfermedad terminal, ¿de qué te arrepentirías? ¿Qué le dirías a tu yo de hoy, si tu yo de hoy todavía está sano?
3. ¿Es aquí donde te veías hace cinco años? ¿Cómo te hace sentir eso?
4. ¿Crees que tienes una misión, un propósito?
5. ¿Qué se te da bien hacer?
6. ¿Qué disfrutas hacer, se te dé bien o no?
7. ¿Qué se te da francamente mal?
8. ¿Qué no disfrutas hacer?
9. ¿De qué manera te gustaría que te describiesen dentro de cien años?
10. ¿Quién es tu mayor fan?
11. ¿Cuáles son tus más íntimos objetivos profesionales?

12. Si tuvieras que escribir un libro, ¿sobre qué trataría?

13. ¿De qué crees que la gente podría tenerte envidia?

14. ¿Cuál es tu mejor cualidad?

15. ¿Cuál es tu peor fallo?

16. ¿Quién te da mucha envidia? ¿Qué crees que eso dice de lo que anhelas?

17. Si te atrevieses a ser más egoísta, ¿qué harías?

18. Si pudieras deshacerlo todo hoy, ¿qué harías de forma diferente?

19. ¿Hay algún sueño para el que creas que es demasiado tarde?

20. De lo que has conseguido en la vida, ¿qué te hace explotar de orgullo?

21. ¿Qué te dirías sobre tus errores y tus fallos, si quisieras ser amable contigo misma?

22. ¿Dónde te ves de aquí a cinco años?

23. ¿Dónde te ves de aquí a diez años?

24. ¿Qué es lo peor que podría pasarte?

25. ¿Qué disfrutas más de estar soltera o de vivir en pareja?

26. ¿Cuál es la mayor enseñanza que has aprendido hasta ahora de la vida?

27. ¿Cómo has cambiado en los últimos años con respecto a tus sueños y objetivos?

28. ¿Cómo sería tu mejor vida?

29. ¿Qué aspecto tiene tu mansión propia?

30. ¿Qué dice tu profesión o el modo de vida que llevas de ti? ¿Por qué y cómo lo elegiste, si es que pudiste y quisiste hacerlo?

31. ¿Cuáles son las cosas más importantes para ti? ¿Qué te mueve?

32. ¿Qué te preocupa más?

33. Define tu día ideal: te levantas y ¿qué haces? ¿Con quién estás?

34. ¿Qué no te gustaría dejar de hacer o dejar pasar en esta vida? ¿De qué crees que te arrepentirías si no lo persiguieses?

35. ¿Qué te gusta más de tu situación actual?

36. ¿Qué te gusta menos de tu situación actual?

37. ¿Cuáles son tus sueños? ¿Cuál es tu sueño más loco?

38. ¿Qué problemas te encuentras a la hora de pasar a la acción?

39. ¿Cuál crees que es el mayor obstáculo para lo que quieres conseguir?

40. ¿Qué separa tu vida actual de la que querrías tener? ¿Qué la diferencia?

41. Si pudieras tener tres vidas paralelas, ¿quién serías en cada una de ellas?

42. ¿Qué licencia piadosa que te estás concediendo te está costando tus sueños y objetivos a largo plazo?

43. Si pudieras ser otra persona y no definirte por nada de lo que has respondido arriba, ¿cómo volverías a escribir tu historia? ¿Quién serías?

44. ¿Qué sí puedes hacer hoy para acercarte un poco más a esa nueva historia que te gustaría que fuera tu vida?

45. Si pudieras dar un paso ahora mismo para comprometerte con la persona que quieres ser, ¿cuál sería?

Contesta con sinceridad a estas preguntas. Siéntate con alguien un viernes, sírvete un té, abre una botella de vino y preparaos una fiesta íntima rebosante de conversación de la de verdad. Compartid las preguntas y os darán para hacer un buen trabajo interno. Si las respondes con honestidad y valentía, vas a tener una buena base desde la que construir. A partir de ahí, diseña los siguientes pasos. No es fácil, pero más difícil es seguir alejándote de lo que quieres poco a poco. Imagina una vida que no se parece en nada a lo que te gustaría tener, eso sí que es duro.

Yo confío en que puedes hacerlo, ya que algo te empujó a coger este libro. Tienes esa fuerza dentro de ti.

Ahora la pelota está en tu tejado.

Abundancia como aceptación radical

El deseo, dicen los budistas, es la fuente de todo el sufrimiento porque nos pone en situación de permanente tensión. Desear implica reconocer algo que no se tiene y el miedo por lo que se podría perder. De ahí que no podamos afirmar que existe la abundancia si no es desde la aceptación radical.

Aceptación radical significa asumir algo tal cual es, sin mediar juicio consciente, incluyendo en esta idea también todos aquellos pensamientos y emociones desagradables. Aceptar conlleva no tratar de cambiar lo que no podemos cambiar, pero también implica no huir, no intentar, evitar con estratagemas emocionales o cognitivas, aquello que no nos gusta o no nos hace sentir bien.

Porque lo cierto es que aceptar aquello que nos gusta es sencillo, el reto se nos presenta cuando la vida nos pone delante de experiencias de las que querríamos huir con toda nuestra fuerza. El objetivo de la aceptación radical en ningún caso es terminar por cogerle el gusto a la desgracia, nada más lejos: de lo que hablamos es de no crear más sufrimiento adicional, producto de la fuerte resistencia.

Aceptar radicalmente genera abundancia porque supone decir sí a la vida, nos traiga lo que nos traiga. Elizabeth Gilbert, la autora americana del *bestseller Come, Reza, Ama*, aquella historia tan bonita que Julia Roberts protagonizó hace unos años, dijo una vez algo que pienso que viene al caso. Cuando escribió aquel libro que pronto la llevó a la fama, se inspiró en su propia historia personal. Tras un divorcio complicado, se fue a recorrer Asia, donde conoció a un chico cubano que poco después se convirtió en su marido y que siguió siéndolo hasta que una carambola del destino cambió su vida. Un día, Rayya, su mejor amiga, le dijo que se estaba muriendo. Fue una de esas noticias fulminantes que caen como un rayo para ponerle luz a todo. Era un cáncer terminal, no le daban más de un año de vida, que consiguió estirar hasta el año y medio.

Elizabeth relataba en una entrevista con Oprah Winfrey cómo supo en ese momento lo que iba a ocurrir: abandonaría de inmediato a su marido, confesaría su amor eterno a Rayya y se mudaría con ella para caminar a su lado mientras la acompañaba hasta la orilla del río, donde la recogería el barquero Caronte. Justo así fue.

En aquel momento de la entrevista Oprah llora, Elizabeth llora porque ha perdido a la vez a su amante y a su mejor amiga, y a mí se me encoge el corazón cuando responde a la pregunta sobre qué aprendió de todo aquello: «Que lo quiero todo. Lo bueno y lo malo y el desorden y la enfermedad. No quiero perderme nada en la vida». Y es que al final la vida es demasiado corta.

Creo que esta historia ilustra a la perfección cómo la aceptación radical está lejos de la idea de pasividad. Aceptar implica poner al servicio de la situación cada una de las células de tu cuerpo. No hay nada sencillo o pasivo en eso. Una puede aceptar que la circunstancia presente es poco deseable y, aun así, redireccionar su conducta hacia aquello que sí puede controlar, aunque esté en una situación en que no sea posible la mejora. A mi modo de ver, no hay manera más abundante de vivir que sumergirnos en la inmensidad de la vida y la muerte con los brazos abiertos, sin resistencia ni lucha, sin intención de que no duela, pero también aceptando nuestra tendencia a tratar de hacerlo.

Del mismo modo, aceptar implica tomar conciencia del momento de manera definitiva, conectar con lo que ocurre aquí y ahora y soltar las riendas del control, la evitación y el juicio. De ninguna manera esto implica consentir conductas dañinas o pasivas, hablamos de un proceso interior de conexión y aceptación con lo que nos trae el presente, nos guste eso o no nos guste.

Imagina conmigo un parto. Es un buen ejemplo, porque nada como el dolor físico para generar conductas de evitación o control que, lejos de hacernos sentir mejor, solo empeoran el problema. Como no sé si has pasado por este proceso o no, déjame que te diga que el parto duele. Esto es medianamente objetivo. Habrá quien te diga que duele más y quien, sin embargo, lo encuentre algo más llevadero, pero doler... duele. «Parirás con dolor», nos dicen las escrituras. En el proceso del manejo del dolor, se sabe que la resistencia crea sufrimiento adicional y no solo a nivel psicológico. Nos enredamos en pensamientos sobre cuánto durará esto, si es normal la intensidad, pedimos al cielo que todo acabe pronto y ni nos acordemos, pero también a nivel físico la tensión empeora el problema. La rigidez muscular impide, por definición, la relajación, lo cual influye en el mismo desarrollo del parto y en su evolución del mismo. Impide que la oxitocina corra por el cuerpo como querríamos para que facilite la apertura, y en la resistencia aumentamos otros neurotransmisores —cortisol, adrenalina— que la dificultan. Aceptación radical aquí de ningún modo significa sentirte bien con el dolor, sino la invitación a que te abras a sentirlo.

El caso del parto es especial porque es un dolor al que, por norma, es fácil encontrarle sentido, pero la vida, en ocasiones, nos trae papeletas mucho más feas con las que lidiar como enfermedades propias o de familiares cercanos, muertes, rupturas dolorosas, fracasos profesionales y sueños rotos. Aceptar radicalmente estas experiencias, sin necesidad de generar narrativas cuasi mágicas sobre su ocurrencia, genera abundancia porque nos permite vivir con plenitud, conectadas al momento presente, nos ofrece la oportunidad de desarrollar resiliencia y de desplegar adecuadas respuestas emocionales a cada situación. Aunque esas emociones —y esa situación— no sean las que una quisiera ni las que una merece.

La aceptación también está conectada con la idea de ver con claridad gracias a la atención plena. Cuando nos ahogamos en el azote burbujeante de las olas al que nos sentimos arrojadas por las marejadas de la vida, nuestro instinto nos grita que manoteemos con fuerza para salir a la superficie. Las corrientes nos empujan a un lado y al otro y nuestros esfuerzos por salir a flote no hacen sino empeorar la situación y consumir el poco aire que nos quede. Para salvarnos, hemos de parar a conservar el aire y conectar con los flujos de las corrientes. Solo desde la tranquilidad de la conexión que nos proporciona la atención plena podemos redirigir nuestra conducta y controlar los músculos para dosificar esfuerzos en nuestra ascensión.

En la psicología occidental, la atención plena se refiere típicamente a notar las experiencias a medida que ocurren en el presente, mientras que la aceptación describe estar abierta a esas experiencias sin emitir juicios. La atención plena no es más que una habilidad humana básica de estar y sentirse totalmente presentes. Ser conscientes de donde estamos, de lo que estamos haciendo en este justo momento, conectando con nuestras emociones y pensamientos sin tratar de agarrarnos a ellos. Parece fácil y no lo es. La atención plena requiere práctica, pero cada día estoy más segura de que la abundancia sin atención plena no existe, porque solo en este estado podemos ser conscientes de percibir y de generar verdadera abundancia por el sencillo motivo de que únicamente cuando la practicamos podemos vivir aquí y ahora, sin dejarnos llevar por historias del pasado o ansiedades sobre lo que nos deparará el futuro. No hay dinero, posición o trabajo que pueda comprarnos esto. Es una habilidad en mano de todas que requiere práctica y dedicación, pero que toda la literatura científica se asegura en incluir como el gran secreto de una existencia vivida con intención, conexión y sentido. Si la felicidad es la punta de la pirámide de la abundancia, nunca nos enteraríamos siquiera de que estamos allí si no fuera por la atención plena.

Sería fundamental señalar, en este punto, que la aceptación radical es un recurso interesante en circunstancias que están fuera de nuestro control. En ningún caso puede ser usada como vehículo para no actuar en situaciones que requieran un cambio por nuestra parte, como bien podría ser el caso de una relación abusiva o una situación laboral peligrosa. En cambio, la aceptación radical se aplica a las cosas que ocurren sin que podamos hacer mucho al respecto. Pongamos el caso de una muerte cercana, una pérdida dolorosa, un duelo sentimental o una desgracia repentina. La aceptación radical se puede aplicar a estos grandes cambios en los planes de vida. En cada uno de estos casos podríamos encontrarnos con que respondemos de forma natural con furia, negación, dolor, evitación y disputa, o con que utilizamos la aceptación radical como manera de rendirnos al proceso de la vida con todo lo que ello conlleva. En última instancia, el objetivo de la aceptación radical es la progresión y el crecimiento, en ningún caso el estancamiento o el amarre indiferente al pasado. Lo que pretendemos es cambiar la manera como respondemos a los eventos sin necesidad de alterarlos, puesto que, nos guste o no, la vida está repleta de acontecimientos desagradables sobre los que nuestro control es nulo.

Entender esto, cambiar lo que se puede y aceptar radicalmente lo que no está en nuestra mano es, sin duda, un medio para generar abundancia.

Cómo aceptar lo que a todas luces nos parece inaceptable

Una cosa es que entendamos la teoría y tenga sentido lo que te cuente y otra muy diferente que demos con una manera sencilla de ponerlo en práctica. Te diré que quizá, de todos los conceptos que tratamos en este libro, la aceptación radical sea el más difícil de llevar a la práctica. Esto es así por la simpleza que supone tal actitud en situación tan complicada. Sin embargo, es fácil creer que aceptamos mientras, en el fondo, lo que hacemos es otra cosa.

Decirte a ti misma «relájate» en bucle cuando estás en una situación complicada está lejos de lo que aquí te quiero mostrar. Mucho más interesante sería decirte «está bien estar nerviosa, es desagradable, pero puedo aceptar esta incomodidad». Notar la sensación en el estómago y no evitarla, hacerle espacio, dejar que te invada e ir tomando conciencia, poco a poco, de que eso que sientes está dentro de ti, que de ninguna forma eres toda tú.

En lo que a aceptación radical se refiere, el cómo es más importante que el qué. Déjame que me explique un poco mejor. Si usas un mantra con la mejor intención, podrías estar facilitando el proceso de conectar y ahondar en lo que sientes, pero también podrías repetirlo de manera autómata como mecanismo de evasión. Por eso preferiría no darte una técnica en particular e invitarte a que pruebes por ti misma siguiendo siempre el esquema que te presento a continuación.

1. Nota lo que sientes.
2. Trata de nombrarlo: procura etiquetarlo, siendo precisa y honesta.
3. Hazle espacio: acepta que lo que sientes y la manera como lo sientes están bien.

Por último, en el preciso momento de la aceptación radical es conveniente tratar de esquivar la idea de que hay algo que debemos cambiar, aunque también eso se nos presenta como una buena manera de aceptar (*está bien sentirme tan incómoda que mi mente busque incesantemente maneras de huir y planear*). Que no haga falta cambiar nada ahora de ningún modo quiere decir que no hará falta cambiarlo nunca, ya que podemos coger las riendas después, sentarnos a buscar soluciones minutos u horas más tarde. Pero comencemos por conectar con la exactitud de lo que vivimos para poder afrontarlo desde el principio de la mejor forma.

Abundancia como posibilidad

Entrenamiento en imaginación: visualización creativa

He aquí una de mis herramientas favoritísimas de la psicología, el uso terapéutico de la imaginería. La visualización creativa es la técnica de generar, a propósito, imágenes mentales con determinados fines y esto, que podría resultar una cosa extraña, es algo que nuestra mente hace de manera permanente, pongamos o no propósito en ello. Lo hicimos, lo recordarás, muchas páginas atrás, cuando te propuse que confiaras en mí para guiarte en la visualización de tu mejor vida, un ejercicio cuyos beneficios prometí explicarte en mayor profundidad cuando llegase el momento, y también más adelante cuando visualizamos la pérdida por no haber perseguido cosas importantes en la vida.

Comenzaré por decirte que la visualización creativa (*imagery*, en inglés) es una herramienta no exenta de polémica. Hay quien considera que todo lo que pudiera parecerse a la fantasía puede traernos más problemas que beneficios en lo que se refiere a la consecución de objetivos. La investigación sugiere que no tiene por qué ser así, pero déjame hacerte una invitación poco convencional en este asunto. Aunque es mi intención empezar por sentar las bases teóricas de la técnica y contarte qué dice alguna de la literatura al respecto, me gustaría que dieras un paso más allá. Quisiera pedirte que me leas, evalúes y sobre todo que experimentes. ¿Para qué si no todo esto? Nada de lo que yo te cuente en este libro es realmente significativo si tú al final no das un paso en la dirección adecuada. Pero hay más, por pedir, voy a pedirte que, por esta vez, estires los bordes de lo que se sabe que funciona, porque esa idea es justo la que está en la base de este libro. La idea de empujar con los brazos para despegar las posibilidades que nos constriñen, de asomarnos de puntillas por encima de los muros de lo que nos dijeron que es posible. Al final de todo, yo puedo venir con un cuento y tú experimentar exactamente lo contrario porque no hay dos personas que puedan aproximarse de manera similar a esta técnica ni a ninguna otra. Por eso repito un mantra desde que me dedico a esto: lo que te sirva, sirve.

Las imágenes mentales fueron la base de la psicología para Wilhelm Wundt y William James, reconocidos padres fundacionales de esta disciplina, pero la imaginería —aunque la imagen es, por definición, material cognitivo— fue eclipsada cuando el conductismo tomó el control, y fue relegada a la categoría de eventos privados. Aquello no duró mucho, y la psicología cognitiva de los años setenta retomó su interés por las imágenes con fuerza. Desde entonces, sus aplicaciones se han desarrollado en muchos ámbitos, quizá el más destacado es la psicología deportiva. Hoy en día es una técnica extendida en atletas de alto rendimiento y deportistas de alto nivel, que hacen uso de las imágenes mentales para mejorar sus marcas. El entrenamiento mental a través de la exposición en imaginación ha demostrado ser sorprendentemente eficaz, aunque veremos que tiene sus peros.

En lo personal, te confieso que es una técnica a la que le tengo infinito cariño. Di con ella, por primera vez, en una tiendecita de mi barrio cuando todavía tenía la mente lo suficientemente abierta como para que no me hubiera eclipsado el bastión más serio de mi disciplina, y ya nunca la he soltado. La encontré allí en una estantería que hacía esquina, rudimentariamente explicada en un tomo con dudosa base científica, entre llamadores de ángeles y cajitas de incienso de Nag Champa, pero me fascinó la idea. Poder crear imágenes con la propia mente y usarlas con intención de crecimiento encajaba con mis ilusiones de aquel entonces y lo sigue haciendo ahora. Muchos años más tarde, tuve la suerte de aprender esta técnica gracias al posgrado en Coaching Psychology que cursé en Londres de la mano de alguno de los más renombrados discípulos del mismísimo Ellis, ya sin llamadores de ángeles ni incienso y anclada en investigaciones que calmaban la parte de mí a la que le gusta pegar bien los pies al suelo. Desde entonces, la he usado con interés y con fe, y he podido enseñársela a muchas alumnas que también hoy en día la practican con la ilusión con la que me gusta transmitirla, como parte de mi programa de visualizaciones en audio de *La Llave*.

Investigaciones recientes en neurociencia cognitiva sugieren que las áreas del cerebro que se activan al mirar un objeto (una manzana, por ejemplo) se parecen significativamente a las que se activan al imaginar el objeto. No es de extrañar, entonces, que visualizar un evento o una situación pueda influir seriamente en cómo manejamos más tarde el asunto real, puesto que, para la mente, una cosa de la otra tampoco dista tanto. Muchas formas de ansiedad y depresión cobran su precio a través de las cavilaciones imaginarias negativas que fomentan. Quien haya experimentado en alguna ocasión algo de ansiedad

—es decir, si eres un ser vivo, que entiendo que es el caso—, lo sabes. En situaciones de estrés, la mente se ve inundada por potenciales catástrofes en forma de fotografías desagradables que no podemos controlar por más empeño que ponga una de su parte. Nos imaginamos cayendo al suelo frente a un auditorio lleno de personas, generamos con absoluta viveza una película completa de diagnósticos, peleas, fracasos y lo que toque en ese momento. Por eso siempre digo que nadie puede dudar de que su mente tiene la capacidad de generar imágenes ya que la prueba nos la dan las situaciones de estrés.

Pero investigaciones como las de Shelley Taylor de la Universidad de California en Los Ángeles y sus colegas, sin embargo, sugieren que la visualización también puede hacer un trabajo en clave positiva. Las simulaciones mentales, como las llama Taylor, pueden ayudar a resolver problemas, mejorar las emociones positivas y aumentar la percepción de la probabilidad de un evento. Y este tema es el que más nos interesa en este libro: podemos usar las imágenes mentales para aumentar la percepción de un evento.

Creo interesante hacer un alto en el camino para profundizar en este aspecto al que podemos englobar en el fenómeno de la familiaridad cognitiva. Pongámoslo del siguiente modo. Cuanto más familiarizada estés con las imágenes de tus visualizaciones, más asimilados estarán los conceptos representados. Cuanto más familiarizadas nos sintamos con esos conceptos, mejor te sentirás alrededor de ellos. Al sentirte bien, a gusto, familiarizada con estas ideas a las que expones tu mente, van a ocurrir ciertas cosas. La primera, por definición, es que amplías tu rango de posibilidad al hacerles espacio. Antes no estaban en tu universo mental frecuente y ahora sí. La segunda es que vas a tener más probabilidades de que, cuando tomes decisiones basadas en la mera intuición, parte de este material al que estamos expuestas y con el que nos sentimos cómodas nos sirva como guía. Es un tema de atención y foco.

Cuidado otra vez aquí. Si esperamos estar descansando en una playa caribeña el próximo mes, visualizarla podría ayudarnos a creer que eso realmente podría suceder, pero es evidente que la imaginación por sí sola no te llevará allí. No solo eso, el tema es más grave. Algunas investigaciones nos muestran justo lo contrario. Es decir, fantasear y soñar despiertas puede alejarnos de aquello que queremos al procurarnos una sensación de alivio inmediato, y esto supone un impedimento para el esfuerzo inevitable que requiere el éxito.

A estas alturas, una podría preguntarse si visualizar sirve o no sirve, y déjame sacarte de esta duda siendo muy clara. En lo que la investigación es meridiana es en el hecho de que, para aumentar puntuación, para incrementar una marca o acercarnos a lo que consideramos éxito, es mucho más útil visualizar el proceso en lugar de centrarse en el resultado. Entendámoslo bien, si tu sueño pasa por ser una escritora leída en todo el mundo, tienes muchas más probabilidades de acercarte a él si creas imágenes mentales de ti misma escribiendo y enfrentándote a los retos que supone coger una buena rutina de escritura —mientras sorteas los obstáculos que eso conlleva— que si te imaginas solo firmando libros con largas colas en tu librería favorita de Londres.

Pero atención, porque también hay valor en esta segunda imagen. También nos sirve imaginar nuestro sueño cumplido, porque nos recuerda qué queremos, nos proporciona un estupendo *Faro* y nos ayuda a mantenernos enfocadas en aquello que nos ilusiona. Además, nos ayuda a entender nuestros valores. Quizá nuestra escritora ame la idea de que sus escritos sean leídos por todo el mundo porque compartir está en la base de lo que le importa, como también la creatividad, la excelencia, el aprecio del conocimiento, y todos esos son valores que podemos tratar de cultivar en el aquí y el ahora para vivir una vida más abundante —lleguemos o no lleguemos a la meta—, más alineada con nuestros deseos y con nuestro propósito. Y si no es por esto, que solo sea por darte un gusto. Hay valor también en esto. ¿No es la vida muy corta para no dedicar espacio al fantasear? ¿A pensarte feliz y a gusto y capaz? ¿A deleitarte con la cara más amable de la abundancia y el éxito?

Sea como sea, imaginar que una consigue lo que quiere prepara la mente y, por si no me crees, voy a demostrártelo con un ejercicio interesante. Déjame mostrarte una lista de palabras que querría que leyeras con interés y sin necesidad de sacar nada de ellas. Solo léelas, esa es la única instrucción.

tren

tranvía

metro

coche

moto

bicicleta

¿Leídas? Bien. Ahora voy a pedirte que rellenes los huecos de esta palabra:

A_ _ _N

¿Qué te viene a la cabeza?

Según la teoría que rodea al efecto de imprimación, es muy probable que hayas pensado en la palabra *avión*. El efecto de imprimación o preparación (*priming effect*) es un fenómeno por el que la exposición a un estímulo influye en cómo una persona responde a un estímulo posterior relacionado. Es decir, que yo te haya presentado anteriormente una lista con palabras relacionadas con los medios de transporte te ha predispuesto para que, a la hora de dar forma a un estímulo de cierta ambigüedad, lo hayas hecho guiada por la información previa. Podrías haber pensado en *arpón, arcón, andén* y otras muchas combinaciones posibles y, sin embargo, lo más posible es que la que te haya venido a la cabeza sea la palabra *avión*. Sobre este fenómeno sabemos que está muy relacionado con la memoria implícita, por la cual la exposición a determinados estímulos influye en la respuesta que se da a estímulos presentados con posterioridad sin mediación de la conciencia, cosas que hemos retenido sin darnos cuenta.

Y dicho esto, mastiquemos. Te levantas por la mañana, abres Instagram, Twitter, dos o tres periódicos, pones el telediario. ¿Para qué estás preparando tu mente durante el inicio del día? Si eres una mujer medianamente sensible, raro será el día en el que no salgas de casa a primera hora ya con los nervios de punta. En menos de quince minutos de noticias nefastas podemos encender la amígdala como si de un arbolito de Navidad se tratase. Ser mujer en un mundo patriarcal supone vivir con miedo, y si no te lo crees pon el telediario: casos de violencia sexual comunicados desde el machismo más desvergonzado, feminicidios envueltos en eufemísticos titulares, pobreza, catástrofes naturales que podrían dejarnos en peor lugar. Vivimos en permanente situación de trauma vicario y de fatiga por compasión.

Déjame hacer un pequeño inciso para explicarte estos términos. Mientras que la fatiga por compasión se refiere a la profunda erosión emocional y física que ocurre cuando las personas que se dedican a ayudar a otros no pueden reabastecerse de combustible y regenerarse, el término trauma vicario fue acuñado por Pearlman y Saakvitne (1995) para describir el cambio profundo en la visión del mundo que ocurre en personas que desarrollan profesiones de auxilio cuando trabajan con clientes que han experimentado un trauma. Los *ayudadores* notan que sus creencias fundamentales sobre el mundo se ven alteradas y posiblemente dañadas al estar expuestos repetidamente a material traumático. Es decir, no han vivido directamente el trauma, pero están expuestas permanentemente a él, de manera que también sufren sus consecuencias. No hace falta que te dediques a ayudar a otros, aunque desde luego que eso te pondrá en situación más vulnerable. Lo cierto es que basta con ser mujer para tener miedo.

Pero imagina otros métodos, otras formas, otras maneras de sacar un pie de la cama. Imagina comenzar el día poniendo la intención en una pequeña visualización. Comenzar tu rutina matinal preparando tu mente, en lo que se puede, para atender a la grandeza, para abrirse a la abundancia. Imagina tener el poder, a través de la intención, de inclinar tu mente hacia aquello que quieres ver más en tu vida. No hablo aquí de practicar el negacionismo o perder la compasión por aquello que sucede a nuestro alrededor y volvernos egoístas, seres incívicos, hablo de reivindicar nuestro derecho a encontrarnos bien, a sentirnos en paz con el mundo, a cuidar de nuestra salud mental como quien sujeta con cuidado y firmeza un gran jarrón de cristal soplado a mano, a sabiendas de que lo que tiene en su haber requiere de mimo y protección, y que nadie podrá procurárselo del modo en que lo puedes hacer tú.

Imagina comenzar el día trayendo a la mente tu mejor vida, haciendo presente de manera intencionada aquello que más te importa, los valores o cualidades que más ansías cultivar, poniendo imágenes claras a lo que para ti es el éxito. Imagina usar esas imágenes cada mañana para preparar la mente, como un luminoso *Faro* que te guiaría para seguir la dirección y que dispondría tu mente para que la intuición pudiese hacer su propio trabajo —como ocurrió con la palabra avión— al enfrentarte a las miles de pequeñas decisiones que tienes que tomar cada día. Imagina que suponerte en situación del progreso deseado te familiarizase con esa posibilidad, e incrementara la motivación y, aún más importante, entrenara el atrofiado músculo de la imaginación, porque dime, ¿qué vas a perseguir en la vida que no hayas podido imaginar antes? Y si no es por todo esto, como ya te he dicho, que solo sea por darte un gusto. Por comenzar el día haciendo uso de una técnica que fácilmente nos puede traer altas dosis de satisfacción inmediata y que no es cara, no es ilegal, no engorda ni mata a nadie.

Abundancia como intención

¿Qué separa a las que lo consiguen de las que no?

No quisiera tener que repetir al principio de cada capítulo que no todo está en nuestra mano. Se haría tedioso y diría que innecesario, pero cuando una divulga tiene pavor de ver su mensaje manoseado, así que permitídmelo una vez más. No todo lo que acontece en la vida es fruto de la responsabilidad individual.

Para hablar de abundancia como intención, primero necesitamos dejar eso bien claro. Pero ahora vamos a ponernos en un caso con el que seguro todas podemos sentir afinidad, porque todas hemos estado en alguna ocasión en un lado y en el otro. Una pareja de mellizos se cría en la misma casa. Ambos reciben una educación similar —nunca igual, que tal cosa no existe—, tienen acceso a los mismos recursos económicos, la misma educación social y afectiva, participan en el mismo tipo de actividades y juegos. Al hablar de mellizos en situaciones tan parecidas, una podría pensar que alcanzarán exactamente los mismos niveles de satisfacción personal y éxito, pero con la finalidad de ilustrar nuestro ejemplo, seremos crueles. Digamos que no va a ser así. Uno de ellos se convertirá en un muchacho atlético y deportista. Se licenciará a los veintitrés con las mejores notas de su promoción y sus padres se fotografiarán orgullosos a su lado en la celebración su prestigiosa universidad. A los treinta habrá montado una empresa de éxito, tendrá relaciones significativas y será un buen amigo para sus amistades. De él, se podrá decir que ha alcanzado el éxito personal y el profesional, y así lo sentirá en su interior.

Ahora nos vamos al otro hermano al que, por el azar de la narrativa de esta historia, vamos a maltratar un poco, solo con el objetivo de ilustrar este ejemplo. ¿Acaso no lo hacen los azarosos guionistas de nuestras vidas, a veces, un poco con nosotras? Este hermano habrá dejado sus estudios muy pronto y habrá caído en las garras de malas influencias que lo llevarán por mal camino. A los treinta, no habrá cotizado ni un día, y a los treinta y cinco comenzará a tener problemas de salud. Se encontrará triste y perdido, resentido con el mundo, confundido por su mala suerte y sentirá envidia de los logros de su hermano.

Alguien podría pensar que en ambas historias ha influido el azar y yo voy a elegir darle la razón, porque creo mucho en el azar. Las primeras malas decisiones que comenzaron con el absentismo escolar, del que tan poca responsabilidad tiene uno, llevaron a este hermano a juntarse con quien no debía y la primera ficha del dominó cayó para empujar con fuerza todas las que vinieron detrás. Así funciona el azar. Pero no sería justo quitarle el mérito al primer hermano, quien desde muy temprano tuvo claro el papel del esfuerzo en la vida, quien nunca abandonó la creencia de que la abundancia se podía perseguir y, por ella, se podía luchar. Los dos encontraron sus teorías validadas. Uno pensó que por más que hagas, la mala suerte siempre te puede llegar y el otro llegó a la conclusión de que, fuera como fuese, aún merecía la pena luchar.

No sé qué opinas tú, pero creo que ambos llevaban razón, y algo más: puestos a elegir una actitud y entender que esta afectará a todos los resultados de mi vida, prefiero instalarme en la creencia de que de mí depende buena parte de lo que implica mejorar. Eso es la abundancia como intención y de eso es de lo que vamos a hablar.

Determinación, perseverancia, foco

Angela Duckworth alude en su libro *Grit* al papel de la pasión y de la perseverancia en aquello que más tarde definimos como éxito en la vida. Según indica y según sabemos hoy en día en psicología, habilidades como las que acabo de mencionar contribuyen con mayor peso a los logros personales y profesionales que lo que clásicamente habríamos referido a otras capacidades como inteligencia. Tampoco el talento, al que a veces acudimos con ligereza y con la idea de que es algo inherente a algunas personas y de lo que sistemáticamente carecen otras nos hace un favor a este respecto. Lo que realmente marca la diferencia entre unas y otras personas no está grabado en piedra, como podrían estarlo la idea tradicional que tenemos de conceptos clásicos como el talento o la inteligencia.

Esta injusta percepción que tenemos de lo que hace a una persona exitosa se debe a la propia manifestación cultural del logro. Solo vemos a determinadas personas en los periódicos cuando han culminado un proyecto, cuando han rebasado la línea de meta, cuando han descubierto la vacuna contra una nueva forma de virus. Lo que se nos olvida ver en cada uno de estos casos es el trabajo incansable, la actitud inquebrantable que levanta a estas personas sistemáticamente tras cada caída, una y otra vez, hasta que llegan a ser portada del periódico. Además, olvidamos que, por norma, ese proceso es muy largo.

Tan rápido consumimos los logros de los otros y tan separada está esa percepción casi eléctrica de lo que desde dentro vivenciamos como nuestro eterno y dificultoso proceso, que la diferencia se siente desagradablemente injusta. Por eso, creo interesante parar a hacer una oda al esfuerzo más clásico, al papel del entusiasmo, de la perseverancia, del foco.

Si algo nos ha quedado claro a estas alturas es que hay mucho, muchísimo, que está en nuestra mano para mejorar nuestra situación, sea esta la que sea. Que no podré yo prometerte que tienes las mismas probabilidades que otro de llegar al mismo punto, porque eso sería a todas luces estúpido, pero sí puedo asegurarte que tu propio esfuerzo aumentará las probabilidades de que tu vida sea mejor que hoy.

Psicología del entusiasmo

Apartado especial se merece la psicología del entusiasmo. Hablar de entusiasmo, de ilusión, de energía, es hablar de una serie de procesos psicológicos que pueden ser recogidos bajo el término inglés *zest*: un rasgo positivo altamente contagioso que refleja la capacidad de una persona para afrontar la vida con energía y entusiasmo. ¿No tienes la sensación de querer más de lo que sea que sea esto cuanto antes? A nadie le hace mal un poquito más de *zest*.

Veamos mejor qué sabemos de esto. *Zest* es una forma de afrontar la vida con entusiasmo y energía, lo que es especialmente interesante si sabemos que la psicología dice que «las personas con entusiasmo y energía hacen cosas extraordinarias porque se sienten vivas, activadas, actúan de todo corazón» (traduzco torpemente de Seligman, el psicólogo positivo por excelencia).

Abramos un paréntesis para recordar qué es la psicología positiva, y por qué no es pensar todo el rato de forma optimista y eliminar las creencias negativas de tu cabeza. Dijimos que la psicología positiva se centra en estudiar las bases del bienestar psicológico y de la felicidad —lo que en países anglosajones se ha denominado *wellness*—, así como de las fortalezas y virtudes humanas a través de una perspectiva científica, para aprender sobre aquello que le da valor a la vida y sobre qué factores contribuyen a que esta sea plena, reconociendo las particularidades que existen entre diferentes culturas. Es un enfoque interesantísimo dentro de esta disciplina que, por suerte, cada vez va ganando más respeto y mejor prensa. Buena parte de lo que trabajamos en este libro está basado en sus premisas.

Hablábamos de *zest*. Según la Clasificación VIA de Fortalezas del Carácter, *zest* entra en la categoría de coraje, la fuerza que nos permite superar el miedo, ¿no tienes la impresión de que esto tiene mucho sentido? Vamos a verlo mejor con un ejemplo.

Imagínate a tus quince años, rodeada de toda tu pandilla de verano (yo tampoco tuve una, ¡pero para eso está la imaginación!), al borde de uno de esos acantilados rocosos sobre el azul profundo de la playa mientras una a una de tus amigas, tú incluida, salta entre gritos al más puro estilo del *Club de los poetas muertos* («¡Oh, capitán, mi capitán!»). Es esa ilusión, esa energía, ese empuje, esa vitalidad y su contagio lo que nos lleva a superar miedos impensables y a hacer cosas para las que siempre pensamos que no estaríamos preparadas. Por eso, vemos a personas con entusiasmo hacer cosas extraordinarias que las personas con baja energía no se atreverían a hacer en toda una vida

Nos entusiasmamos automáticamente cuando logramos una meta o cuando encontramos algo que nos gusta, ya sea comida, una actividad, una persona. Conseguir objetivos y alcanzar metas estimula de manera absolutamente natural tu capacidad de entusiasmo, pero hay que tener en cuenta que no todos los días realizamos actividades laborales que nos gusten. Ni siquiera conseguimos grandes objetivos cada uno de los días de nuestra vida, la mayoría suelen ser bastante normales. De modo que, si tiene sentido plantearse si hay alguna manera de generar esta misma sensación de modo artificial, ¿por qué esperar a que nos ocurra algo reseñable?

Para aprender a generar entusiasmo en el momento y durante el día, debes conocer su naturaleza. Piénsalo de esta manera, el entusiasmo no es más que un estado afectivo, una emoción. Veamos. ¿Cómo te sientes cuando estás entusiasmada?, ¿qué notas?, ¿dónde lo notas? Las respuestas a estas preguntas comienzan a darnos una idea sobre qué significa entusiasmarse.

Hay quien dice que cuando está entusiasmada lo que nota es, fundamentalmente, excitación; una emoción grande de satisfacción y felicidad. Si lo piensas bien, te darás cuenta de que, en todos estos estados, tu frecuencia cardíaca se acelera, tu respiración se hace más corta y menos profunda.

Así que estamos en lo cierto, y el entusiasmo es un estado de gran excitación por el que lo acompañan, además, pensamientos agradables y una sensación de poder con todo, de sentirte capaz y confiada. También puede que asocien a él pensamientos como «me encanta esto que estoy haciendo», «me siento verdaderamente a gusto y feliz en este momento».

Como en todo, vemos la manifestación del entusiasmo en sus tres ejes fundamentales, no solo en el pensamiento y en la emoción, sino también en la conducta. Una persona entusiasmada se mueve. Trata de estar increíblemente entusiasmada y absolutamente quieta. Es difícil, ¿verdad? Cuando una se siente muy feliz o ilusionada con algo, casi siente como si se le saliese la energía del cuerpo. No puede evitar mover brazos y piernas, sonreír, gesticular, saltar, abrir los ojos y cerrarlos con fuerza. Si te fijas, esta es la respuesta que encontramos en el entusiasmo es universal y la vemos en todas las culturas, en ninguna el entusiasta llora con pena, se echa en la cama o se repliega sobre sí mismo. En cada caso vemos una sonrisa, un aplauso, todo esto está integrado en nosotras. Por eso aplaudimos a nuestro equipo preferido cuando marca un golazo y saltamos de alegría al escuchar una canción preciosa en un concierto.

Algo increíblemente interesante del entusiasmo es lo que este comunica a los otros. ¿Has estado alguna vez al lado de alguien verdaderamente entusiasmado? Somos seres extraordinariamente empáticos y nos cuesta no vernos contagiadas por esa emoción tan desbordante. No querría que entendieses aquí que debes quitarte de en medio a todas aquellas personas que hacen que tu energía baje, porque me parece un mensaje feo, ya que todas pasamos por malos momentos y necesitamos del amor de los otros. Pero eso no quiere decir que no sea maravilloso rodearnos de personas que hagan que nos den ganas de comernos la vida de un bocado y que no sea estupendo buscar maneras de rodearnos de ellas de modo más consciente.

Entendámonos, la emoción es algo mental, pero afecta a todo el cuerpo y provoca fuertes respuestas fisiológicas. Piensa en algo malo por un momento, en algo que te aterrorice y dime: lo ves claro, ¿verdad? Muchas personas están familiarizadas con la experimentación de sensaciones en el estómago (las famosas mariposas), de temblores, debilidad y palmas sudorosas, en respuesta a un estado de miedo o excitación. Estas son las respuestas complejas del cuerpo a una condición mental. La línea que divide mente y cuerpo no es tan clara como una podría pensar, razón por la cual los psicólogos nos formamos en disciplinas tales como la psiconeurología, la psicobiología de los procesos superiores o la fisiología de la conducta.

La emoción es temporal, puesto que nuestro cuerpo busca de manera incansable el equilibrio de la homeostasis, una condición de estabilidad a la que tendemos biológicamente y que choca plenamente con las características del medio. Piensa que mente y cuerpo están constantemente sometidos a condiciones cambiantes, fluctuaciones en el entorno que irremediablemente impactan en nosotras.

Las cosas cambian afuera permanentemente y, a pesar de todos los cambios, el cuerpo sabe adaptarse dinámicamente para mantener ese equilibrio, por lo que la emoción interrumpe la homeostasis, pero solo temporalmente. Dado que el cuerpo regresa constantemente a la homeostasis, una condición de verdadera excitación (en el sentido biológico) puede durar solo un tiempo determinado y no más. ¿Cuánto? Pues depende.

Probemos algo que seguro te va a ayudar a verlo claro. Trae a tu mente una situación en la que en el pasado te diste un susto de los gordos. Seguro que alguna vez has tenido alguno que te ha costado días conseguir sacar de tus células. Lo mismo ocurre con una alegría muy espectacular. Es imposible que nunca hayas sentido esto que te explico: levantarte por la mañana y notar que la tienes bajo la piel, que no disminuye la ilusión. Esa memoria permanente de que todo está mejor que bien. Yo recuerdo esa sensación muy vívida, durante los primeros días, cuando supe que estaba embarazada de Santiago. Me despertaba en medio de la noche... y ¡zas!, ahí estaba esa emoción de felicidad pura. Nunca había sentido algo así. Pues justo eso es lo que andamos persiguiendo para disfrutar una vida llena de abundancia; entender cómo funciona el entusiasmo, cómo se genera, cómo se crea de manera artificial y cómo se mantiene después.

Si a estas alturas te preguntas qué dice la psicología sobre cómo generar más entusiasmo en tu vida, vamos bien. A continuación, te presento varias ideas que funcionan:

• **Actúa como si.**

Un método para cultivar el entusiasmo es *actuar como si*. Actuar desde la fe, y no siempre y necesariamente desde la evidencia, significa creer que las cosas pueden ser de una manera incluso si no podemos verlas. Aunque los resultados de la investigación a este respecto son algo contradictorios, parece que adoptar un lenguaje corporal fuerte puede ayudar, así como fingir hasta lograrlo (los anglosajones lo explican con aquel *fake it till you make it*), es decir, actuar como si una tuviera un mayor entusiasmo por la vida hasta que este sea una realidad nos ayuda y los datos lo confirman. Algunos psicólogos clásicos decían «No lloras porque estás triste, sino que estás triste porque lloras», con lo que querían dar a entender la importancia de la manifestación de la conducta en la emoción en sí. Saltar, aplaudir, reír nos hacen sentir, a su vez, más contentas y generan más entusiasmo. El lenguaje corporal importa.

Piensa que generar más entusiasmo hará que aumenten sustancialmente tus niveles de satisfacción vital. Un estudio de 2012 demostró que los grupos que entrenaron fortalezas que están altamente correlacionadas con la satisfacción con la vida (incluido el *zest*, el entusiasmo), tuvieron mejoras significativas en la autoevaluación de esta después de la prueba (tras entrenar esas fortalezas). El entusiasmo mejora la satisfacción y amortigua la probabilidad de sentirse crónicamente mal, ergo, genera abundancia en el sentido en el que la tratamos en este libro.

Neugarten definió la satisfacción con la vida de una manera que personalmente me encanta. Dijo que la satisfacción vital es envejecimiento exitoso. Para Bernice L. Neugarten y para muchos psicólogos, la satisfacción con la vida es una evaluación general de todos los sentimientos positivos y negativos que una persona ha experimentado a lo largo de su existencia. Es el juicio cognitivo que un individuo particular realiza sobre su propia vida y en esto, estaremos de acuerdo a estas alturas, juega un importantísimo papel la actitud del entusiasmo.

• **Encuentra un pasatiempo.**

En esta vida moderna todo se nos han vuelto obligaciones. Programamos cada milisegundo de nuestro día a día, mientras tratamos de no dejar nada al azar, ocupamos cada momento haciendo siempre algo. Y que alguien me libre a mí de no ser una gran planeadora, pero contéstame a esto, ¿cuándo paras a jugar?, ¿a no hacer nada?, ¿a hacer algo que te encanta, pero para lo que ya nunca tienes tiempo? Necesitamos algo del espacio que la adultez nos ha robado.

En numerosas ocasiones, cuando os pregunto qué os gusta hacer en vuestro tiempo libre, os cuesta contestar. «No sé, lo típico», decís. Hemos perdido la capacidad de jugar por jugar y una buena idea para recuperar aquello que una vez nos gustó tanto es justo preguntarnos qué nos encantaba hacer de niñas ¿Qué sigue haciendo que el tiempo se nos pase volando y cómo puedo hacer eso mucho más? ¿Qué genera en nosotras ese estado de disfrute, de atención plena sin más esfuerzo que el de ser y estar? Parece más fácil de lo que en realidad es, pero merece la pena poner propósito en esto.

• **Cultiva una buena red de relaciones sociales.**

Si yo te contara cuántos estudios de psicología muestran cómo una mejor calidad de las relaciones sociales correlaciona positivamente con calidad de vida, expectativa de vida, mayor salud, más felicidad, más entusiasmo, y cómo las relaciones sociales de baja calidad lo hacen negativamente con problemas de salud física y mental e insatisfacción vital, te quedarías asombrada. La literatura científica es categórica en esto: ¿quieres ser más feliz, vivir más años y vivirlos mejor? Pues rodéate de buena gente. Cuídalos, quiérelos, mantenlos cerca.

Nos hacemos mayores y cada vez es más difícil hacer nuevas amigas, pero son muy importantes. Por esa razón, te animo mucho a encontrar maneras de afianzar, extender y mejorar tus relaciones sociales, seas extrovertida o introvertida. Nadie dice que necesites estar permanentemente rodeada de gente si eso te carga mucho, como me ocurre a mí. Mira más la calidad que la cantidad, porque en ella es donde queremos poner esfuerzo y cariño.

• **Sal al campo o a la playa.**

Como ocurre con las relaciones sociales, la evidencia es pasmosa cuando hablamos de pasar tiempo al aire libre. Algunos estudios muestran cómo los participantes que salieron a dar un paseo al aire libre de solo quince minutos mejoraron la puntuación en entusiasmo respecto a aquellos que se quedaron en casa. Coge a tu perro, o cálzate las zapatillas, deja el sofá atrás y ponte los auriculares con una buena canción de fondo. Pasea tanto como puedas al aire libre y disfruta de los beneficios de esta práctica que, además de ser puro disfrute, es gratis.

- **Atrévete a planear una aventura.**

Una excelente manera de cultivar el entusiasmo es romper la rutina habitual e introducir cierta incomodidad, cierto riesgo. Piensa que no tiene por qué ser nada alarmante ni peligroso. Podría bastar con planear una acampada, si eres más de hotel y manta de señora, o hacer un *hiking* —senderismo de toda la vida de Dios—, si eres más de Netflix. Busca la manera de salir de tu zona de confort y hacer cosas nuevas solo por el placer de hacerlas, por pasarlo bien y ver cuáles son tus límites. Por retarte. El objetivo es interrumpir la normalidad, y te confieso que a mí esta es una de las que más me cuesta. Soy animal de costumbres, pero el cambio es vital para el cerebro, incluso para el establecimiento de la huella de memoria. ¿Te acuerdas bien de los días y los meses de confinamiento? Si no te acuerdas, genial, es por eso. Necesitamos variedad de estímulos y escenarios para que nuestro cerebro respire y trabaje como es necesario. Procuremos dárselo.

- **Practica la atención plena.**

Lo que suena mucho más fácil de lo que, en realidad, es. Pasamos el tiempo viviendo en nuestra cabeza: «¿Qué tengo que hacer luego?», «¿qué vamos a comer después?», «no tenía que haber dicho lo que dije en la reunión del martes». Raramente estamos presentes, vivenciando nuestro cuerpo a la altura de nuestra piel. ¿Cuándo fue la última vez que hiciste la cama sintiendo las manos sobre las sábanas, las yemas de los dedos sobre el tacto de la almohada? Sin pensar en más que en dejar las sábanas bien estiradas, lisas, bien pulidas y hacerlo bien solo por el placer de hacer las cosas bien. Esto es importantísimo.

Recuerda que una puede practicar la atención plena en cualquier momento, sin necesidad de raparse la cabeza, tallarse una túnica naranja y retirarse del mundanal ruido para abocarse al más hondo de los silencios. El único truco es manejar la expectativa que de ello se tiene. No practicamos la atención plena para relajarnos, para sentirnos bien, sino para conectar con el momento presente, tenga este la cualidad que tenga. Nos sobran estudios y datos que demuestran los muchísimos beneficios que esta práctica tiene, así que apúntate esta frase y tenla cerca: Para cultivar abundancia a través del entusiasmo, primero atiende.

• **El ejercicio puede hacernos especialmente entusiastas y aumentar mucho nuestra satisfacción vital.**

Y estoy segura de que esto no tengo que demostrártelo porque directamente lo crees. ¿Has salido alguna vez a correr? ¿Te has atrevido alguna vez con una clase de zumba? (¡Yo ni loca!). Una vez que superas la barrera del «me-estoy-muriendo-por-favor-matadme-ya», una se encuentra con una euforia increíblemente placentera que no se le parece a casi nada.

Para generar más entusiasmo en tu vida, simplemente, haz más deporte. Para sentirte mejor, haz deporte. Para sentirte contenta, haz deporte. Para calmar tus nervios, haz deporte. Para dormir mejor, haz deporte. Elige una actividad que puedas mantener en el tiempo; la idea es que no la practiques solo un día, porque si quieres mantener ese entusiasmo, que tiene una base absolutamente neuroquímica, necesitas tener la maquinaria en marcha un día detrás de otro.

• **Buenas noticias para las** *pandemials.*

Hemos vivido una desgracia. Nadie podía imaginarse que ocurriese lo que nos ha ocurrido, y creo que es lícito concluir que esta época que hemos sido obligadas a vivir podría calificarse como un evento traumático colectivo. Sabemos que la psicología positiva trabaja con un término que en los últimos años está acumulando bastante investigación y mucho interés: *crecimiento postraumático.*

En contraposición al conocido estrés postraumático, el crecimiento postraumático es aquel desarrollo emocional que se produce, como su nombre indica, después y como consecuencia de haber superado un momento muy complicado de nuestras vidas. Creo que es interesante hablar de crecimiento postraumático en un momento como el que vivimos y señalar que, además, se ha concluido que el *zest* correlaciona positivamente con él. Así, a medida que las personas se recuperan de eventos traumáticos y ganan crecimiento postraumático, su nivel de *zest* aumenta.

• **Pon el nombre adecuado a tus emociones y no trates de eliminar las negativas, porque vuelven el doble de grandes.**

Por último, no quería terminar este apartado sin subrayar la importancia de las emociones negativas, o mal llamadas así (yo prefiero llamarlas simplemente *desagradables*, porque ¿qué hay de negativo en experimentar tristeza?). Hablar de entusiasmo, satisfacción vital, alegría, ilusión, impulso, fuerza y coraje puede hacernos pensar que lo contrario es algo negativo. Pero te recuerdo, una vez más, que pensar de ese modo te puede llevar por un camino que no deseas. Necesitamos atrevernos a experimentar la vida en su totalidad, con sus subidas y sus bajadas, y aprender a denominar nuestras emociones con suficiente exactitud para hacer espacio al verdadero entusiasmo y no a ese entusiasmo tan falso que en muchas ocasiones vemos, seguro que sabes del que te hablo, en redes sociales (¿no tiene ahora todo el mundo los dientes muy blancos?).

Permitirte estar mal tanto como bien, aprender a vaciar la jarra cuando toca para luego poder llenarla nos asegura el equilibrio mental. Pretender estar todo el día en la cresta de la ola es una expectativa imposible, inalcanzable y, si lo piensas, probablemente muy incómoda. Entusiasmarse genera abundancia, pero lo que de verdad la genera, por definición, es atreverse a apreciar la vida en toda su grandeza.

Abundancia como toma de control

El dominio de una misma

Si has estado alguna vez conmigo en alguna de mis formaciones, sabrás que repito ciertas frases con insistencia. Una de mis preferidas es esta: «Si quieres que te pasen cosas, tienes que hacer cosas». También me gusta esta: «La vida no se resuelve en la mente, hay que pasar a la acción». ¿No son estupendas?

Comienzo con estas dos ideas porque considero que son el siguiente escalón necesario tras haber entendido la importancia de la visualización creativa para generar abundancia y foco en tu vida. Si alguien aquí ha concluido que basta con pensar muy fuerte las cosas para alcanzar sueños, muy mal debo de haberme explicado. El éxito conlleva invariablemente altas dosis de dominio de una misma. También de suerte y la mentalidad adecuada, eso no podemos negarlo. Pero nadie gana una medalla olímpica con solo estar en el lugar correcto en el momento adecuado («¡Ups! ¿Qué hago yo aquí en la meta?»). Una medalla, olímpica o simbólica en cualquier ámbito, requerirá de esfuerzo y sacrificio, de resiliencia, de disciplina férrea y de la madre de todos los superpoderes: la fuerza de voluntad.

¿Qué es la fuerza de voluntad?

La APA (2012) definió la fuerza de voluntad como aquella capacidad o habilidad para resistir las tentaciones a corto plazo con el objetivo de cumplir metas o propósitos a largo plazo. De esta definición podemos extraer varias ideas interesantes. La primera es que la fuerza de voluntad es una habilidad y, como tal, está sujeta a las mismas leyes que gobiernan toda la conducta, por lo que podemos presuponer que es una capacidad que puede aprenderse y fortalecerse de manera gradual y progresiva. La misma definición nos habla también de una diferenciación interesante entre el corto y el largo plazo. Tolerar la frustración por no dejarnos llevar por nuestras tentaciones inmediatas y retrasar la gratificación hasta más tarde es la parte más importante de todo el proceso.

Yo vengo a reclamar el atractivo del concepto de fuerza de voluntad, que bien podría resultaros árido o poco romántico, pero que es la herramienta fundamental de cambio y progreso de que disponemos los seres humanos. Además, engloba otros muchos procesos psicológicos: motivación, resolución de problemas, toma de decisiones, habilidades de regulación emocional y capacidad para autorreforzarse, mediante el esfuerzo y los éxitos parciales.

Aquí la pregunta clave es la siguiente: ¿Cómo conseguir más fuerza de voluntad? ¿Cómo ser capaces de salir de la cama cuando aún está oscuro y calzarnos las zapatillas de deporte mañana tras mañana en deferencia a nuestro anhelo de correr la maratón de Boston? ¿Cómo no dejarse llevar por el calor de las sábanas, por el sueño que nos invade tras interminables jornadas de trabajo, por el cansancio crónico que todas arrastramos porque no nos da la vida para nada más que para cumplir con lo urgente y con lo obligatorio? Todo empieza donde empieza todo: dentro de nosotras mismas, en nuestra mente. El autoconocimiento es la primera tarea a la que nos enfrentamos si lo que queremos es incrementar nuestro auto-control, puesto que nada vamos a poder controlar si no conectamos con nuestros deseos, nuestros impulsos, con las señales de nuestro cuerpo.

¿Sabes cuando quieres comerte tres dónuts en lugar de uno y todo tu cuerpo grita «me da igual la diabetes y la salud y que vaya a tener que comprarme todo un armario nuevo porque los quiero todos y los quiero ya, y para ya, no me mires así»? Dime que conoces lo que te digo. Yo bien lo sé. Cuando en tu última analítica varios valores han salido alterados, sabes que todo tu futuro podría depender de que, como hoy, cada día salgas a andar al menos una hora, pero tu cuerpo te dice «ya mañana salgo porque hoy me quiero quedar viendo Netflix y me da igual mi futuro porque estoy demasiado cansada y, por favor, mente, cállate, no me digas más que bastante tengo ya hoy». Bien. Tu mente habla el mismo lenguaje que la mía en ese caso, y coincidirás conmigo en que toda esta retahíla sucede, en ocasiones, en un milisegundo. Evitamos la sensación desagradable que nos produce ese discurso interno y pateamos el problema hacia adelante: mañana me enfrento de nuevo a esto, porque hoy ya no puedo más. Pero mañana volvemos a sentirnos igual y, de este modo, las cosas nunca mejoran. A decir verdad, el tiempo lo que hace es justo lo contrario, agravar las cosas.

Ya hemos dicho que no todo se consigue con fuerza de voluntad. Muchas cosas no están en tu mano, pero la mayoría de los asuntos son susceptibles de la mejora que nos ofrece el esfuerzo individual y, para eso, hemos dicho que tenemos que comenzar a mirar adentro.

Autoconocerse conlleva entender dónde, cuándo y cómo aparecen las limitaciones propias. En qué momento exacto surgen los obstáculos que hacen que nuestra fuerza de voluntad se doblegue y dejemos de atender a aquello que nos dice el raciocinio. El efecto Dunning-Kruger también se aplica a este ámbito, ya que la investigación muestra que las personas que piensan que tienen una mayor fuerza de voluntad son, en realidad, las más propensas a perder el control cuando tienen tentaciones. Parece que las bravuconadas no nos llevarán muy lejos en esto. Una estrategia más inteligente supone conocer nuestros límites y planear con anticipación los obstáculos a los que deberemos hacer frente, exponiéndonos de antemano a las preguntas básicas: ¿Dónde suelo ceder más a menudo? ¿Qué funciona como mi *criptonita* y me doblega las fuerzas? ¿En qué momentos específicos tiro antes la toalla?

En el apartado de buenas noticias, hay un dato curioso. Los estudios defendieron durante mucho tiempo la idea de la fuerza de voluntad como un recurso finito que se agotaba, pero nuevas investigaciones contradicen este supuesto. Aunque no podemos negar los efectos contrastados que produce la fatiga comportamental —esa pérdida de energía que experimentamos después de mantener un comportamiento mucho tiempo—, la fuerza de voluntad podría seguir estirándose mucho más allá de lo que siempre habíamos imaginado. Sea como sea, es buena idea eliminar toda interferencia innecesaria que pueda hacernos más difícil lo que ya no es fácil y, para eso, resaltamos la importancia de reducir el número de decisiones, de acumular las decisiones difíciles para los momentos en los que el cerebro está más preparado —lo que suele ocurrir por la mañana y no por la noche— y tratar de automatizar cuantos más procesos, mejor.

La abundancia está al otro lado de entender cómo funciona la fuerza de voluntad y, para ello, vamos a dar una explicación algo prosaica, pero eficiente. Tenemos dos cerebros bien diferenciados. Kelly McGonigal nos cuenta en su maravilloso libro *Autocontrol* cómo, de un lado, tenemos una parte impulsiva, cuya frase central es «Lo quiero-ya», y del otro, una parte sabia, que dice «Puedo esperar». La parte impulsiva no es necesariamente negativa, puesto que juega un importantísimo papel en la supervivencia de nuestra especie. Es la encargada de regular nuestro sistema simpático, el responsable de nuestro crucial sistema de huida y lucha (el que se activa cuando nos persigue un león por la sabana), subiendo de una vez nuestra tensión arterial, nuestra frecuencia cardíaca, volviendo nuestra respiración más artificial. Se sitúa en la amígdala, y algo interesante que ocurre cuando nuestra parte impulsiva toma las riendas es que suprime nuestra capacidad de planear, y hemos dicho que eso es un sistema inteligente, ya que ¿quién quiere planear cuando lo persiguen los leones? Es el momento de correr y ya.

Como todo en la naturaleza, como todo yin para todo yang, los humanos compensamos la impulsividad con la parte sabia de nuestro cerebro. Esta regula nuestro sistema parasimpático, responsable de nuestra respuesta de relajación, haciendo en nuestro sistema justo lo opuesto que el anterior: la respiración se hace más profunda, la presión arterial baja, la frecuencia cardíaca se vuelve más tranquila y estable. Es lo que llamamos la respuesta de pausa y planea.

Como en puntos anteriores, por más interesante que nos resulte saber qué es la fuerza de voluntad y dónde reside dentro de nuestro cuerpo para saber localizarla y echarle el anzuelo cuando toque, lo verdaderamente importante es comprender cómo podemos fortalecerla, aumentarla y acceder a ella cuando más la necesitamos.

Por lo que sabemos, las formas más clásicas de recargar la batería de la fuerza de voluntad son las siguientes:

- Pasar tiempo al aire libre
- Aumentar la práctica de ejercicio físico
- Mejorar la alimentación
- Dormir al menos una hora más
- Dedicar tiempo al juego
- Crear una rutina de meditación diaria
- Hacer ejercicios de respiración profunda
- Practicar la autocompasión

Algo interesante que habrás notado en la lista anterior es que coincide casi punto por punto con el capítulo que dedicamos a cómo generar abundancia a través del entusiasmo. Creo que, en el fondo, son fantásticas noticias, ya que, si nos centramos en mejorar la base, nuestra vida no tiene otra que ir hacia arriba. Duerme más, come mejor, sal a pasear, aumenta la práctica de ejercicio, dedica tiempo al ocio, medita y trátate con cariño. Eso en sí es abundancia.

Trabajar nuestra fuerza de voluntad supone tener a nuestro yo futuro muy presente. Por ejemplo, implica pasar del dónut en pro de ese yo futuro sin diabetes, apagar Netflix para escribir mil palabras con la mente firme en mi yo futuro como autora de *bestsellers*. Ser capaz de retrasar la gratificación está considerado como uno de los mayores predictores de éxito y el problema de esto reside en que, de alguna extraña manera, nuestro cerebro percibe estas dos versiones del *self* como personas diferentes. Si mirásemos el cerebro, a través de la óptica que nos ofrece una resonancia magnética funcional, mientras piensas en tu yo futuro se iluminarían áreas muy diferentes a las que lo hacen cuando tratas de tener en mente a tu yo presente. En otras palabras, tratamos a nuestro yo futuro como si se tratase de una persona diferente, a menudo idealizándola, esperando que haga lo que nuestro yo presente no puede hacer y obviando la realidad de que esa persona que seremos en unos años será, como nosotras, un yo que siente y sufre. Recuerda este fallo del sistema del que adolece tu cerebro y tráelo a tu mente consciente: a mi yo futuro no ver Netflix también le va a doler, porque será la misma persona que mi yo presente.

Te animo a visualizar con frecuencia tu yo futuro y hacerlo con todo lujo de detalles. Este simple ejercicio te va a ayudar a aterrizar y recordar los beneficios de esas buenas decisiones que has tomado y sigues tomando en el presente, los compromisos actuales a los que te sometes para asegurarte de que estás en el camino que quieres estar, en el que mereces. Hay algunos estudios interesantes al respecto. En uno en concreto, aquellos que no hacían ejercicio imaginaron una versión futura más saludable de sí mismos. Dos meses después, las personas que visualizaban hacían ejercicio con más frecuencia en comparación con los que no visualizaban. La regla es sencilla; cuanto más real se sienta tu yo futuro, más fácil será tomar decisiones actuales de las que no te arrepentirás.

Antes de acabar con este capítulo sobre la fuerza de voluntad, querría animarte a que comiences un reto. Créeme si te digo que he sido la mujer con menos voluntad para el deporte en esta orilla del mundo y que por más intentos que hiciese para establecer una práctica adecuada, nada parecía hacerme levantar el vuelo. Algunos meses antes de mi embarazo y en un intento desesperado de ganar algo de forma antes de los nueve meses que esperaba que antes o después sucediesen, me lesioné en una carrera. Dicho así suena genial, pero lo cierto es que solo he corrido una vez en mi vida, y me lesioné. Mi fisioterapeuta, Margott, una tenista recia y voluntariosa con una envidiable forma ya a sus sesenta años que tenía su consulta en el bajo de una preciosa casita en la colina de Blackheath, me dijo: «María, querida, correr no es para ti, prueba el yoga». Volví a casa, ingresé en Google las palabras mágicas *yoga para principiantes gratis online* y encontré un reto de treinta días seguidos que comenzaba justo al día siguiente. A aquellos treinta días le han seguido cuatro años de práctica regular. Ahora tengo mi propia maestra particular, Chelo, no imagino mi vida sin el yoga y, además, soy bastante disciplinada con mi número de pasos diarios. Hace ya un año que en casa trabajamos con un escritorio de pie colocado sobre una cinta de caminar (ahora mismo escribo sobre él), porque cuando empiezas a moverte un poco, cada vez quieres moverte más. ¿Soy ahora una mujer atlética? Nada más lejos de la realidad. Pero, ya cerca de los cuarenta, estoy más en forma de lo que nunca lo estuve, por poco que eso sea comparado con gente que practica deporte desde hace mucho más tiempo. Eso es progreso.

Los retos nos sirven para comprimir esfuerzos, para aumentar la autoconciencia, puesto que nos obligan a afinar el foco, a comprobar los efectos de aquello que nos hemos propuesto en un espacio de tiempo cerrado, con lo que la motivación no nos abandona tan fácilmente. Un reto es un primer paso en firme, una puerta abierta, una apuesta por ti misma, así que te animo a plantearte un reto para ti misma. Podría ser hacer siete minutos de sentadillas durante los siguientes treinta días, escribir quinientas palabras cada noche durante todo un año o meditar diez minutos al despertarte, lo que quede de mes. No infravalores el cambio que esto puede traer a tu vida.

Aquellos treinta días durante los que descubrí el yoga lo cambiaron para mí todo. Y por si quedan dudas, el yoga, en sí, es abundancia.

Abundancia como entendimiento

Feminismo terapéutico

Llegadas a este punto, comenzamos a hacernos una idea de todo lo que necesitamos para imaginar abundancia, creernos merecedoras de ella, preparar el camino y luchar por ella, pero es fundamental parar una vez más para recordar que nada de esto ocurre fuera de la simbiosis individuo-contexto. Y que nadie caiga en la trampa de pensar que esto de alguna extraña manera podría desempoderar al sujeto, todo lo contrario: necesitamos del feminismo como lente explicativa y también como fuerza desde la que seguir cambiando el mundo. Avanzar por nosotras y por las demás.

Ya hemos dicho en ocasiones anteriores que la información es poder, pero que solo la acción cambia las cosas. El mayor motor de progreso social es el acto individual que, unido a otro acto individual, se amplifica y gana fuerzas, la acción enfocada al fin. Y aunque los psicólogos tenemos tendencia a perdernos en términos tales como autoaceptación, autoconocimiento, crecimiento, que bien podrían pecar de abstractos, también hablamos mucho de cambio y consecución de objetivos a través de la acción. Personalmente, me gusta la palabra *acción*. Me gusta todo en ella: su significado, sus acepciones, su sonoridad, la dificultad y la rapidez con la que sale de la boca, como tropezando consigo misma.

Cuando en psicología hablamos de acción, nos referimos a una acción comprometida con tus propios valores, con las cualidades que quieres cultivar, con el tipo de mundo que querrías ver, si en tu mano estuviese. Nótese aquí que no nos referimos a hacer por hacer, a producir por producir, al correr sin saber hacia dónde que tanto se estila en estos tiempos modernos. Hablamos —ya lo sabes— de tomar conciencia de quién eres para así saber en cada ocasión qué hacer, para reducir el espacio presente entre el yo ideal y el yo actual. Se trata de hacer como consecuencia lógica del ser y establecer una línea coherente que acoja a ambas esferas en perfecta sintonía.

Esta idea de que una puede cambiar su suerte a través de la acción está íntimamente ligada a la de la responsabilidad individual. El hecho de que una puede esforzarse, actuar, tomar decisiones y mejorar su situación es una idea atractiva por motivos obvios y, en su mayor parte, una verdad objetiva, aunque ya dijimos al principio de este ensayo que no es una verdad completa, como también ocurre con la popular idea de que todo depende de una misma si lo crees con suficiente firmeza.

Quiero apuntar aquí una idea reseñable. Algunos datos apuntan a que cualquier español que nazca en una familia con bajos ingresos tarda cuatro generaciones —ojo, unos ciento veinte años— en conseguir un nivel de renta medio. Decía el titular del periódico del que lo saqué: «La crisis rompió el ascensor social y el origen familiar condiciona cada vez más el nivel de ingresos futuros». Este dato aislado, aunque podríamos usar otros muchos, nos sirve para ejemplificar cómo hablar de individuo sin hablar de contexto es no tener ni idea de cómo funcionan las delicadas leyes que gobiernan la conducta. No saber nada de aprendizaje y de condicionamiento.

Por eso este concepto es a todas luces injusto. La idea de la acción, de la responsabilidad individual todopoderosa, las frasecitas que tratan de aumentar tu motivación a base de recordarte que tú puedes conseguir todo lo que te propongas, que la única persona que se interpone entre tú y lo que anhelas eres tú misma son mentira. Es insultante creerlo así, porque hacerlo también implica asumir la parte contraria; que aquello que no consigues es culpa tuya, que no te esforzaste lo suficiente, que toda tu salud y tu riqueza y tu suerte siempre estuvieron en tu mano.

Pero cuidado. Tan peligrosa es esta orilla como lo son sus antípodas. Cuidado con caer en el cinismo, en la desidia, en la inercia de la pasividad más desesperanzada. ¿Qué vida es esa?

Esto es importante cuando hablamos de cuestiones de género. Como psicóloga, creo fuertemente en el poder del individuo. En el poder de la mente y la conducta. No soy politóloga ni soy antropóloga ni socióloga. Soy psicóloga y quizá por esta incomodidad de no sentir una explicación completa desde la esfera más íntima encontré mi propia definición de aquello que llamé *feminismo terapéutico*, y que convertí en un libro y casi un manifiesto personal y profesional.

El feminismo como terapia, como marco liberador, como lente contextualizadora y potenciadora de bienestar y equilibrio, supone que las mujeres son diferentes de los hombres, que además somos socializadas para exacerbar estas diferencias y que el comportamiento de las mujeres no puede entenderse fuera del contexto que las prepara y las oprime.

La mirada de género es por esto sanadora, aunque en principio nos pueda parecer lo contrario. Abrir los ojos a la desigualdad, reconocer la desventaja y abrazar nuestra situación de vulnerabilidad puede en un primer momento parecernos casi contraproducente, pero entendamos esto: no se puede cambiar lo que no se puede ver. Y aquí es donde volvemos a hablar de abundancia.

Vivir en la abundancia, entendida como disfrutar de una vida completa, es también conectar con la realidad de las situaciones y las emociones que nos provocan su constatación. Porque, una vez que una abre los ojos a la desigualdad, una vez que una entiende la situación real y objetiva de las mujeres en el mundo, lo lógico es sentir rabia y enfado.

La psicología sabe que todas las emociones son necesarias e importantes, que todas las emociones tienen cabida en una mente sana. La rabia, además, es catártica, liberadora, terapéutica. Es una emoción liberadora porque es verdadera y congruente con la situación. Y he aquí el quid de la cuestión. Te enfadas porque lo normal es estar enfadada. La rabia, y esto también es fundamental, genera una energía movilizadora, al revés de lo que ocurre con otras emociones que mueven menos energía, que vibran a un perfil más bajo. La rabia es necesaria, por incómoda que sea, porque es una emoción natural ante la constatación de una injusticia. Y, por si fuera poco, desafía el corazón mismo de la socialización de género, que no nos permite exhibirla entre nuestras emociones básicas, por retar nuestro mandato de agrado, de complacencia insulsa.

Pero la rabia es solo un primer paso. Es ese retumbe de tambores que llevamos todas en la barriga, ese burbujeo incesante al escuchar a otra mujer silenciada por un compañero en una reunión de trabajo, ese fuego que, a veces, cuesta gestionar al encender la televisión y toparnos con las cifras más que tergiversadas de la violencia de género, o cuando leyendo ficción nos volvemos a encontrar arquetipos manidos que sabemos que devendrán en la reproducción de roles desiguales. Ya nos decía Melanie Klein que «la salud mental no es compatible con la superficialidad», tenemos que atrevernos a bucear, que nos cubra el agua por más que cueste. Solo de ahí surge la aceptación radical. Porque si queremos llegar al equilibrio real, a sentir cierta paz, a crear abundancia para nosotras y para las otras, tenemos que llegar al fondo de los asuntos.

Aceptar la perspectiva de género supone devolver el síntoma a la esfera de lo político. Y esto, que suena muy abstracto, voy a tratar de concretarlo con algún ejemplo. La experiencia de ser mujer ha sido patologizada desde muy al principio de los tiempos. La locura se ha feminizado. Pensemos en muchos casos de depresión postparto, en los que colgamos una etiqueta clínica a la mujer haciéndole creer que, muy probablemente, algo funciona terriblemente mal en su psique, que algo está roto, que se le ha escacharrado la mente, sin tener en cuenta que quizá su marido ha vuelto al trabajo a las dos semanas y, a partir de ese momento, el bebé es suyo. Tampoco se tiene en cuenta la presión social tremenda para amamantar veinticuatro horas a su cría y quizá ni siquiera quiere hacerlo, dormir con su niño hasta que tenga siete años, tener la casa perfecta, volver a su peso cuanto antes para seguir siendo bonita y deseable y hacerlo con el menor de los esfuerzos. O al revés. Tal vez ha sacado al bebé de la habitación, porque a los seis meses es lo que toca y las noches se le han vuelto frías, además quiere dar el pecho a destajo sin que nadie la mire y trate de aconsejarla cómo y cuándo. Se siente observada, juzgada y desprotegida. Quiere que la dejen en paz. Esto sin contar con las pocas ayudas que hay para la conciliación por parte del estado, el escaso seguimiento psicológico y médico que tiene la mujer tras el parto, que deja de ser mujer para convertirse en madre, cuando ya el centro de todo el cuidado social, el centro de todas las atenciones será el bebé. ¿Es la depresión postparto política? Desde luego que lo es. Alguien podría discutirme que tiene un gran componente hormonal también, y no podría yo llevarle la contraria, pero los síntomas se paliarían mejor con apoyo, en eso estaremos de acuerdo. En muchos casos no pasaríamos de lo que llaman *baby blues*, ese bajón inicial absolutamente normal, a la depresión clínica. Ahora piensa en muchas otras patologías que se atribuyen tradicionalmente a la psicología de la mujer y dale vueltas a cómo ha sucedido eso, a cómo ha influido la socialización de género en ello.

Me viene a la cabeza el nacimiento de mi hijo Santiago y los días que le sucedieron. Recuerdo con exactitud la neblina mental del postparto y cómo, el día en que me subía la leche, sentí cómo me desbordaban las emociones. Fuimos a hacerle a mi hijo la prueba del talón y la enfermera me decía: «¿Estás bien, María?», con cara de cierta preocupación. «¡Es hormonal!», respondía yo, con un río de lágrimas sobre mis mejillas. Si lo has vivido, probablemente lo entiendes. Notas como una gran ola de tristeza, euforia, miedo, cansancio y ansiedad te revolea y te cuesta ver entre los millones de burbujitas que se forman en el rizo de la espuma. Recuerdo que cuarenta y ocho horas después de dar a luz nos dieron el alta del hospital y dejamos a Santiago un momento en su camita para preparar las cosas. Yo fui a la ducha y Gonzalo me ayudó a ir al baño y a ponerme las compresas, me acercó la ropa y me ayudó a secarme con cuidado. Estábamos solos en la habitación del hospital con la puerta cerrada cuando un pediatra entró sin siquiera tocar con los nudillos. Al vernos juntos salir del baño y encontrar a Santiago durmiendo por primera vez plácidamente boca arriba, se acercó y me dijo con severidad: «Ahora tienes una decisión muy importante que tomar. Puedes elegir ser mamá mamífero o mamá lagarto. Las mamás lagarto se separan de sus crías y se van de paseo, las mamás mamíferos no olvidan el calor que sus bebés necesitan en los meses tras el parto».

Lectora, no le respondí. Dejé que se fuera de la habitación y tragué mi culpa y mis lágrimas, mientras sentía que no era apta para la tarea que vendría después. Este es un ejemplo de cómo la condescendencia patriarcal —enfundada en el más tierno y afilado paquete de la crianza con apego— puede complicar una situación ya complicada de base. Que nadie necesite explicarme que esto no es crianza con apego, que yo ya lo sé, pero insisto en cuestionar lo que nos cuelan con estas narrativas. A estas alturas pienso en cómo aquel hombre seguirá practicando tan campante y diciendo otras cosas a otras mujeres en situación vulnerable como lo fue la mía, y te confieso que me hace sentir aún más culpable.

Y esto es importante.

Una historia de nosotras

Yo en este capítulo quería hablarte de cómo, sin el feminismo, no hay abundancia. De cómo, para crear abundancia mental necesitamos entender cómo el feminismo nos libera y animarnos a ser parte activa de esta lucha que cambia el mundo, que permite a las mujeres moverse en esferas que hasta hoy le han sido prohibidas. Yo quería contarte cómo conocer nuestra historia, quiénes hemos sido, de dónde venimos y a dónde vamos si seguimos así va a preparar el marco mental adecuado desde el que construirnos y reconstruirnos. Y quiero hablarte de eso, pero no sin antes recordarte algo que me parece crucial estos días en el mundo del feminismo. Y a riesgo de que me quemen en la hoguera, te cuento.

No es amable empujar a otras mujeres al borde del precipicio y obligarlas a abrazar principios con los que, por su historia, su personalidad, su ideología política, no les son afines. Cada mujer tiene sus propios fantasmas, traumas, miedos e ilusiones, que no son las mismas que las nuestras. Ser mujer es habitar la mitad del mundo, y por hacerlo en un sistema patriarcal compartimos infinidad de características y vivenciamos, en muchas ocasiones, experiencias con similitudes, pero es peligroso creer que todas somos iguales. Cuidado con pedirle a otra mujer que tome decisiones cuando no esté preparada, que se posicione públicamente con algo con lo que no se siente cómoda, que abrace banderas políticas o ideológicas bajo la bandera del feminismo. Cuidado con decirle a alguien que el feminismo solo puede ser marxista, o capitalista, o antiespecista. Por supuesto que corremos el riesgo de perder el núcleo duro si dejamos de cuestionar con la rigurosidad que merece este debate, pero veo agresividad en las filas. Y ojo, hay agresividad porque estamos cabreadas con el patriarcado. Está bien. Pero una cosa es recibir críticas del sistema y otra recibirlas de otras compañeras feministas.

Twitter se ha convertido en un campo de batalla y vivimos con miedo a posicionarnos y decir algo incorrecto. Hemos pasado de ser cuidadosas con nuestro lenguaje a censurarnos las unas a las otras por miedo a molestar a alguien. Eso no es abundancia. He invitado a participar en mi pódcast a mujeres a las que admiro con ideas sobre feminismo muy diferentes a las mías propias en algunas ocasiones, siempre desde la ilusión de ofrecer una plataforma, un espacio sano de debate en el que poder mirarnos y rebatirnos con respeto, sin miedo, con apertura y curiosidad, desde la unión que solo nos da querer cambiar juntas este sistema que nos oprime. Cada vez siento más difícil sostener estos espacios porque hay quien, en el disentimiento, encuentra triunfo, en la reafirmación de la hiperidentidad, en el abrazo apretado a los límites del propio cuerpo, encuentra cierta superioridad.

No sé a ti, pero a mí me aburre. Ojo, yo asumo que es parte del contrato que una firma al tocar temas que pueden resultar polémicos, pero entre nosotras nos debemos el hacer piña. Por supuesto que no tenemos que amarnos las unas a las otras, ser mejores amigas cuando en el fondo no podemos ni vernos, pero sí nos debemos una empatía especial. Tenemos que entender que hay un miedo patriarcal que llevamos bajo la piel y no se va por más que nos frotemos con la teoría. Que por más que queramos, la socialización hace su curso y así nos fabricamos, y eso está ahí. Que cada una tiene sus tiempos, y sus propias preocupaciones, y sus ambiciones singulares. Que no todo el mundo está en nuestra mente como nosotras no estamos en la de todo el mundo. Que cada vez hay más y más temas que, en puridad, no admiten ambigüedad y que queda fatal decir «Pues yo esto no lo veo claro» y eso constituye un verdadero peligro. Que no debemos dudar si somos buenas feministas, que no podemos empatizar con diferentes opiniones dentro del movimiento, que, si no estamos preparadas para sacar el hacha, nuestro mensaje no es legítimo.

No me oirás hablar a mí de feminismos en plural porque ese no es mi lenguaje, yo sí creo que hay un núcleo duro, pero veo que lo que para mí es innegociable sí lo es para otras y me dispongo a escucharlas con respeto, sin dejar de defender lo mío. No quiero perder la capacidad de seguir haciéndolo aún a riesgo de que se me tilde de oportunista, de no ser clara, de cobarde, cuando está lejos de ser así. Lo que yo quiero es seguir sintiendo que podemos seguir agarrándonos las manos y decir: «No estoy de acuerdo contigo en esto, pero me encantaría que pudiéramos seguir escuchándonos y debatiendo con respeto».

Así es como el feminismo libera y cura y nos explica y nos atiende a todas al proporcionarnos un marco desde el que conectar y entendernos. Y así es como crea abundancia y un mundo más completo.

Abundancia como conexión

El camino, y no el destino, siguiendo tu Faro

Cuando hablamos de abundancia, de la creación de un estilo de vida desde el marco mental del diseño intencionado, hay quien entiende lo que no quisiera yo decir, que algo está mal en nosotras, que, en la meta, te aguarda la felicidad como un gran regalo para la que persevera, que si sacrificas tu presente lo suficiente llegarás a la cima de la montaña, donde finalmente podrás disfrutar de todos los bienes que la vida tiene reservados para aquellas que, de tanto esfuerzo, de veras lo merecen. Nada más lejos de mi intención. Creé mi programa *El Faro: Guía para trazar un Plan de Vida* justo con la idea contraria en mente; la vida es ahora, la felicidad es ahora, todo lo que necesitas lo puedes aplicar ya. Y quiero demostrarte que esto que podría parecer contradictorio no lo es.

Caminar en el camino hacia nuestro *Faro* y hacia nuestra mejor vida supone hacer un activo ejercicio de averiguación de aquello que nos importa, de qué cualidades queremos cultivar, de qué tipo de estilo de vida satisfaría nuestras tendencias internas. Haber trabajado en crear imágenes mentales concretas de aquello que para nosotras supone una buena versión de nuestra historia nos proporciona luz a la hora de tomar decisiones, cuyas consecuencias gozan del potencial de aumentar nuestra satisfacción vital aquí y ahora. Si yo he descubierto que en mi vida ideal soy escritora de *bestsellers* traducida a trece idiomas y, tras cierto trabajo de indagación, entiendo que bajo este deseo está mi necesidad de compartir con otros, de dedicar espacio a la creatividad, de gozar de flexibilidad en mi trabajo y hacer espacio para el arte en mi vida, ahora dispongo de valiosísima información no solo para tomar decisiones acordes con eso y así poder crear estrategia con la que acercarme a esa meta, sino para generar con lo que ya tengo una vida más satisfactoria. Podría comenzar por asegurarme de que cada mañana me levanto media hora antes de que despunte el alba para darle a la tecla, inscribirme en un club de escritoras con los que poder compartir ambiciones y con los que quedar cada viernes a la salida del trabajo, o hacer un curso de escritura creativa. Y puede que solo con eso nunca llegues a ser una escritora de *bestsellers* traducida a trece idiomas —porque no todo dependerá de ti—, pero te sentirás más plena al saber que vives en el camino de la luz que desprende tu *Faro*. Notarás cómo tu energía aumenta al estar haciendo espacio en tu vida a aquello que alimenta tu alma e incluso verás cómo áreas adyacentes, aparentemente no relacionadas con eso, se ven positivamente afectadas. Mejorará tu humor y, con ello, tus relaciones, mejorará tu foco y, con ello, puede que también lo haga tu trabajo. Eso por no contar con que, además, estarás aumentando y, en mucho, la probabilidad de acercarte de manera ostensiblemente real a esa meta que, por difícil que pudiera parecer, también se beneficiará de cierta estrategia. Ahora que escribes cada mañana antes de ir al trabajo comenzarás a notar cómo la calidad de tus escritos aumenta. Ahora que te reúnes con escritores cada viernes para nutrir esta parte de ti que requiere de comunidad e intereses compartidos, podrías conseguir un contacto interesante que te abriese una primera puerta. Quizá se trate de un agente que te dé cierta orientación o un lector profesional que te enfrente con lo que no funciona de tu obra y te ponga en el camino al éxito. Y, por último, ahora que te has decidido, por fin, a inscribirte en ese curso que tanto habías anhelado y para el que nunca encontrabas el momento correcto, vas a tener, sí o sí, que escribir esa historia que tanto lleva en tu cabeza, pero sobre la que rondaban infinidad de dificultades técnicas: la voz del narrador que mejor encaja, la correcta estructuración de la escaleta, el tono adecuado para el protagonista.

¿Ves? Tener claro tu *Faro* ha mejorado sustancialmente tu vida aquí y ahora, sin necesidad de llegar a la meta y conservando la ilusión de que algún día podrás llegar allí. Sin pesadumbre y sensación de agotamiento, justo de la manera contraria; con la certeza de que hoy, aquí y ahora, estás trabajando en tu sueño, estás caminando hacia tu mejor versión, estás construyendo la mejor vida que podrías construir con las herramientas que tienes a mano.

Y me tomo el tiempo de desmenuzar con cuidado esta explicación que podría ser obvia, porque es quizá la pregunta que más contesto a mis alumnas. ¿No es poner la vista en el futuro algo malo? ¿No es pensar en tu mejor versión asumir que no estamos completas de la manera en la que habitamos nuestro presente? Si para ti funciona vivir sin sensación de progreso sostenido y dejándote llevar por las olas que te trae la marejada que es la vida, no hay nada de malo en esto. De lo que yo te diga, coge lo que te sirva y deja lo que no. Hay quien de veras prefiere la sensación de vivir sin plan ni agenda, dejarse llevar por la vida y fluir con la situación presente. Mientras no escojas esa vida desde la evitación de la responsabilidad individual por miedo y lo hagas desde el genuino entendimiento de saber quién eres, quién soy yo para decirte que tu manera de vivir *no funciona*. Qué sé yo de ti y qué sé yo de tu vida. Mientras esto te haga feliz y te funcione, todo está bien. Si esta es la vida que quieres tener, si te sientes completa, llena de propósito, con energía, cuando te levantas por las mañanas, está todo en su sitio. Aunque ten cuidado, en alguna ocasión una alumna me ha dicho: «María, ¿cómo hago para lidiar con la culpa que me ocasiona proponerme objetivos y no cumplirlos? Planear solo me produce estrés al ver que no llego a lo que quiero». Pues así te lo digo: las emociones son buenas informadoras de aquello que nos importa. Si te sientes culpable por no estar saliendo a correr por las mañanas, tal vez no es con la emoción con lo que hace falta lidiar, sino con el sistema que usas para levantarte a correr, ya que esto es algo que te importa y que claramente no te está funcionando. Por supuesto, habría también que analizar si estás inundándote de tareas o si tus niveles de exigencia tienen algo —o mucho— que ver con tu rol de mujer dentro del esquema patriarcal, en el que podemos con todo, aún mejor si es con todo a la vez, y encima nos vanagloriamos de no parar nunca.

El tema es entender por qué haces lo que haces y si eso se alinea con la persona que quieres ser o si, como en el ejemplo de antes, prefieres dejarte llevar sin más. Sospecho que, si cogiste este libro, si la idea de cultivar la abundancia femenina es para ti un Faro, creer que puedes más y mejor es algo que infla tus alas y te proporciona sensación de propósito.

Sacrifica hoy por un mañana mejor

Esta idea, que así redactada podría gozar de cierta impopularidad, tiene su miga y estoy dispuesta a que la compres como la he comprado yo. En la era de la inmediatez, de *lo quiero todo y lo quiero ya,* en los tiempos tecnológicos del tuit rápido y la frase lapidaria, el largo plazo parecería estar más lejos de lo que lo había estado nunca. Pero aprender a sacrificar una cota de tu presente por la ganancia futura es lo único que puede asegurarte conseguir los grandes objetivos que tendrás en la vida. Lo difícil en estos casos estriba en ser capaces de sintonizar en el momento justo con nuestro ideal futuro, sin perdernos en la emoción del presente. Cuando todo tu cuerpo te dice *fiesta*, tú le dices *para*. Y así una y otra vez. Si evitamos el sufrimiento presente y nos vamos de fiesta porque es lo que nos pide el cuerpo, lo que de verdad estaremos haciendo es evitar una vida mejor. Y al final nos pasamos la vida evitando. Pero ¿se te ocurre un día, o uno solo de tus grandes logros en los que hayas podido evitar el sufrimiento? El día en que te licenciaste. ¿Cuántas noches habías pasado sin dormir cuando lo único que querías era hundirte entre las mullidas sábanas? El día en el que te felicitaron en el trabajo por aquella presentación en la que tanto habías trabajado y de la que tanto quisiste huir, porque te daba pánico ponerte frente a todos tus compañeros de oficina, ¿cuántas veces ensayaste y te preparaste, a pesar de que todo tu cuerpo te decía no?

Conectar con la versión de nosotras que queremos en el futuro conlleva en muchas ocasiones acallar a la versión presente, la que te dice que quiere una gratificación inmediata y no está dispuesta a esperar. Uno de los factores más importantes para tomar decisiones inteligentes es saber cuándo pagar un precio a corto plazo por los beneficios a largo plazo. El presente por el futuro. Un viernes sin fiesta por una nota mejor.

Nuestros grandes objetivos vitales nos requieren mantener la mente en contacto directo con el largo plazo. Debemos prestar atención a cómo lo que hacemos hoy influirá en última instancia en dónde nos encontraremos mañana, porque justo hoy es cuando el mañana se está construyendo y no hay abundancia real sin entender esto.

En un estudio de 2011 de la Columbia Business School, se concluyó que las personas que podían conectarse más con su yo futuro acababan consumiendo menos, en general, y ahorrando mayores cantidades de dinero, lo que tiene sentido. Si tienes en cuenta tus necesidades y tus deseos del futuro, hoy te comportarás de una manera considerablemente diferente a si directamente los ignoras. También sabemos que es más probable que las personas tomen estas decisiones orientadas al futuro cuando se sienten más poderosas y con el control de sus vidas.

Puede ser que subestimemos la influencia que tenemos sobre el futuro, por lo que comencemos a descuidarlo por completo. Además, es mucho más sencillo ver cómo nuestras acciones influyen en el presente. Hacemos algo y obtenemos la reacción de manera inmediata, no hace falta conjeturar ni hacer adivinaciones: está aquí y ahora, lo vemos y experimentamos en nuestra propia piel sin esperar a nada ni a nadie. Pero es mucho más difícil imaginar cómo estas acciones influyen en nuestro yo futuro semanas, meses y años después. Una mujer que vive en abundancia está fuertemente conectada con su yo futuro, con la versión de sí misma que persigue, con la realidad que quiere *manifestar* pasados unos años, con su *Faro*.

En otro fascinante estudio publicado en 2013 en *Science* bajo el título «La ilusión del fin de la historia», demostraron que las personas infraestimamos cuánto podrían cambiar nuestras vidas en el futuro. Se midieron características de personalidad, valores y preferencias de una muestra de más de 19.000 personas de entre dieciocho y sesenta y ocho años, a las que se les pidió que informaran cuánto habían cambiado en la última década y también que predijesen cuánto se transformarían en la próxima. Los resultados arrojan una conclusión fascinante: tanto los jóvenes, como las personas de mediana edad y las mayores creían que habían cambiado mucho en el pasado, pero todos coincidían en la idea de que se transformarían relativamente poco en el futuro.

Los seres humanos consideramos el presente como un momento decisivo en el que finalmente nos hemos convertido en la persona que seremos por el resto de nuestras vidas. Esta ilusión del fin de la historia tiene consecuencias prácticas en el día a día ya que, al infraestimar nuestra probabilidad de mejora, no hacemos demasiado para intentarlo. Los autores aseguran que es probable que la dificultad que tenemos las personas de imaginar y conectar con ese futuro nos lleve a asumir que no se producirán demasiados cambios, y que lleguemos a confundir la dificultad para la mejora personal con la baja probabilidad de que algo así ocurra.

La lección principal de todo esto es meridianamente clara: conectar con más frecuencia con tu *Faro*, con tu yo futuro, aumenta las probabilidades de que tomes decisiones más sabias en el presente, incluso cuando hablamos de decisiones incómodas que no conllevan una recompensa inmediata, más incluso, en todas esas. Desde luego, esto no quiere decir que sea buena idea vivir permanentemente en un momento que todavía no ha llegado descuidando el presente, pero ser capaces de tomar perspectiva y conectar con aquello que más nos importa es una receta maravillosa para vivir en la abundancia de crear una gran vida.

Abundancia como independencia

Financiar las ideas de las mujeres

Hablar de abundancia y no hablar de dinero es acercarme a la puerta y quedarme sujetando el pomo. Es mirar a los lados de la abundancia, pero solo de reojo, como la que observa la vida desde la barrera suspirando por aspirar, aunque sea, a un cameo tonto. Hablar de éxito y no hablar de independencia económica es escribir sin escribir, decir sin decir, utilizar este espacio ya tan bien preparado para llenarlo de arena con la que levantar poco más que polvo.

Resulta tan obvio que cuesta creer que no lo veamos siempre claro. Si no financiamos las ideas de las mujeres estas no tendrán el altavoz necesario. Necesitamos dinero. Punto. Pero la experiencia me dice que cuando digo dinero, todo el mundo mira para otro lado. ¿Qué ocurre con la palabra dinero? ¿Por qué nos sigue pareciendo algo sucio, contaminado, algo de lo que no poder presumir y menos aún gozar? Basta con echar un ligero vistazo a nuestra socialización de género para entender por qué hablar de dinero —y disfrutarlo— nos cuesta tanto trabajo.

Para entenderlo bien, debemos llegar a la raíz de lo que en el fondo significa la palabra *dinero*. El dinero es todo a lo que una mujer no debe aspirar: independencia, puertas abiertas, posibilidad de elección, poder. El dinero es la llave de la *abundancia femenina* que tradicionalmente hemos encontrado en bolsillo ajeno. El dinero es tranquilidad y falta de necesidad, acceso a recursos, fuente de recursos por sí misma, menos vulnerabilidad. Pero, sobre todo, el dinero es libertad, y libre es justo lo que la mujer no ha sido ni nadie ha querido que sea nunca. Porque una mujer libre es una mujer que descree todas las cargas que sobre ella revolotean como grandes cuervos; una mujer libre es una mujer donde el estereotipo de feminidad no opera y que, por tanto, se rebela contra su sistema, y se convierte en un ser carente de virtud.

Si has sido bien socializada, es decir, si has sido educada en sociedad y no eres una suerte de Tarzán hembra que danza cual saltimbanqui de liana en liana, esta definición del dinero y la mujer que lo posee te afecta sobremanera. Por más que una crea que basta simplemente con entender el fondo de las cuestiones que nos afectan, ya dijimos que el cerebro no tiene mecanismo de borrado. Una vez aprendemos los significados y significantes de los principios con los que se nos va educando, comienzan las asociaciones arbitrarias que acabarán por multiplicarse a velocidad de vértigo y sobre las cuales careceremos de control alguno. La adquisición del lenguaje nos pone en una situación complicada si no entendemos que aprendemos significados y estos producen combinaciones entre ellos de manera absolutamente azarosa, sin necesidad alguna de que medie en ellas la lógica, y estas nuevas combinaciones producen a su vez infinitas nuevas asociaciones entre ellas. Hemos dicho, además, que el cerebro no tiene botón de borrado, lo que quiere decir que no podemos decidir qué información se queda y qué información se va del sistema porque ya no nos sirve. ¿Has escuchado alguna vez eso de que lo que tienes que hacer es quitarte ese pensamiento de encima? O aquello de «¡deja de sentirte culpable!». Bien, no funciona así, ni siquiera un poco. Si quieres que tu vida se convierta en un infierno, te animo a que comiences a pelear con tu mente desde hoy mismo. Cuéntame luego quién gana.

Algo también interesante es cómo extraemos esos significados de las historias en las que nos vemos envueltas y cómo no necesitamos que nadie nos diga nada con palabras textuales para que eso conforme nuestra manera de entender el mundo y relacionarnos con él. Es probable que sea la primera vez —o no— que lees esta explicación que estoy aquí desgranando sobre las implicaciones de la riqueza para la mujer, pero eso no quiere decir que no supieras ya lo que te estoy explicando, porque has extraído estas nociones del contexto en el que las habéis experimentado no solo tú, sino el resto de mujeres a las que has visto envueltas en temas tales, ya sean mujeres de tu entorno más próximo o personajes de ficción, profesionales de los medios de comunicación, mujeres conocidas de un modo u otro.

Pero estar socializada no es algo malo. Es decir, que te importe lo que los demás opinan de ti es parte consustancial a ser humana. Los seres humanos somos gregarios, nuestra supervivencia se ha basado históricamente en la dependencia del grupo y, para eso hemos, sido evolutivamente preparadas. Sin la aceptación y el amor del grupo —lo que pasa inevitablemente por gustar, ser queridas y entendidas—, sin el deseo de los demás por incluirnos en sus microsistemas estamos solas, desprotegidas, desubicadas. A la intemperie.

Creo que es fundamental entenderlo, porque cuando hablamos de socialización y lo hacemos desde el punto de vista del género, olvidamos llegar a comprender por qué este es un proceso tan importante del que nos cuesta tanto desaprender ciertos elementos. Es normal, lógico y hasta cierto punto sano querer encajar en lo que la sociedad espera del individuo —de no ser así en absoluto nos encontraríamos en el extremo de la sociopatía, y nadie quiere ser sociópata—, pero el trabajo de entender qué funciona, y qué no, de esa educación que nos ha proporcionado el sistema se nos presenta como una especie de danza. Una debe plantear y replantear la adecuación de los mensajes que ha recibido desde la óptica de la utilidad y desde la de la ética. Por ejemplo, ¿está bien que la mujer reciba un mensaje diferente que el hombre en relación con sus posibilidades económicas? ¿Para qué me sirve a mí creerme eso? ¿A quién conviene que las mujeres creamos eso? A las mujeres no, eso ya te lo puedo asegurar.

Si la mujer es socializada en torno al cuidado del otro, si esa sigue siendo su predestinación principal, cualquier mensaje relacionado con el éxito individual se va a percibir, desde el fuero interno, como una suerte de egoísmo, y va a mostrar de una vez todas las cargas desaprobatorias que sirven para negar a la mujer como protagonista de sus propios deseos y necesidades. Que nadie entienda en este punto que yo veo nada malo en la idea de cuidar, de ganar más para mejorar el mundo, de liderar tu vida como harías con el planeta, cuidando no solo de ti, sino de los demás, pero te insto a desconfiar de los mandatos que te exigen colocarte en segundo plano para no molestar a otros, de los mensajes que han incidido en nuestra educación separándonos radicalmente de la noción de la libertad. Cambiar el mundo es cosa de todos, no solo de nosotras.

Pero hemos dicho que no podemos borrar el contenido una vez que ha impactado en nuestro sistema. Y nos encontramos con un problema importante: los mensajes socializadores lo son porque no se han producido en una sola ocasión. Para que una idea tenga potencial socializador se requiere, entre otros factores, de la recurrencia, puesto que una no aprende complejas relaciones que perduran de por vida en un solo segundo. O, al menos, no en la mayoría de los casos. ¿Cómo nos deshacemos de determinadas culpas, por ejemplo? ¿Cómo nos libramos del sentido de exigencia que sobre nosotras se ha vertido? ¿Cómo comenzamos a desandar el camino de la vergüenza para comenzar a brillar en nuestro propio primer plano? No poder borrar no implica no poder introducir nuevas narrativas a las que podemos ir dando forma, haciendo espacio, poco a poco, practicando y reforzando. Aunque nunca me oirás decir que es útil pelearse con ciertas ideas que contiene nuestra mente, como no es útil pensar que de algún modo podemos no solo combatirlas sino también borrarlas, sí te diré que podemos hacer algo diferente: desplazarlas. Hacerlas más pequeñas, menos pesadas. Podemos alumbrar nuevas autopistas por las que conducir y esperar a que, aquellas que dejamos, poco a poco, de visitar, comiencen a volverse rutas neurales —autopistas—, con menos tráfico, menos luz, menos transitadas. Por tanto, menos importantes.

Leer este libro, pertenecer a comunidades que opinen como tú, trabajar desde el diseño de la vida y no pensar que no hay nada que podamos hacer al respecto es un gran primer paso. Podemos separarnos de aquellas personas que no estén dispuestas a ver brillar tu nueva versión, negarnos a comenzar dinámicas que nos alejen de aquello que queremos para nosotras.

Pero el tema se nos complica aún más cuando entramos en el terreno de la maternidad. Según un estudio realizado por el

Club de las Malasmadres, un tercio de las mujeres renuncian a sus puestos de trabajo, en España, tras la llegada del primer hijo. Desde el mismo club cuestionan la autonomía desde la que se ejerce esta renuncia y es que las causas son complejas y, de ningún modo, pueden, en exclusiva, ceñirse a la esfera del individuo.

Con una escandalosa falta de medidas para la conciliación —y eso solo hablando de los países con medios—, con un sistema patriarcal que empuja a las mujeres a tomar la decisión de entregarse con furia al proyecto vital del cuidado por encima del propio, todavía nos encontramos con una generación de mujeres dependientes de sus parejas que siguen asumiendo esa dependencia como lo más natural del mundo. En ocasiones, incluso se tiñe con el discurso del privilegio, lo que dificulta aún más percibir la tela de araña en la que se enredan hasta que se encuentran con las grandes patas de la tarántula que es la vulnerabilidad en la que las pone la dependencia económica. No solo eso, sino que esto que escribo sigue resultando un discurso incómodo porque se plantea desde el insulto a la libertad misma. Pero ¿y si esa libertad de la que tanto alarde hacen no fuese tal? ¿Y si no hubiese coincidencia alguna, sino conveniencia, en que fuesen en cada caso y sistemáticamente las mujeres las que abandonan sus puestos de trabajo, su independencia, sus sueños y ambiciones para servir a sus maridos e hijos? Las mujeres hacen paréntesis en sus carreras tan grandes que luego no existen parches de suficiente tamaño que los arreglen. Se encuentran descolgadas de sus profesiones, en una sociedad que maltrata el cuidado y lo esconde de la masa productiva, como si los niños se criasen solos, la ropa se tendiese por su cuenta y una pudiera comer cada día sin que nadie encendiese un fuego. Toda esa multitud de mujeres silenciosas dependen de otro mientras, a su vez, cuidan de otro y se pierden en la otredad, las compañeras de sus maridos y las cuidadoras de sus padres e hijos, un día se levantan y dicen ¿y ahora qué? Ahora es tarde. Ahora no hay manera de llegar a donde podrían haber llegado y encima las culparemos a ellas. No podemos seguir defendiendo la naturalidad de la renuncia, la libertad de que siempre sean las mujeres las que lo dejan todo por servir al mundo. ¿No será que no existe tal libertad? ¿No será que el sistema tiembla con la idea de que alguien note esta vergüenza, lo llame por su nombre y desafíe de una vez a todo el *statu quo*?

Que cada mujer haga lo que quiera, por supuesto, pero qué dolor ver que nadie plantea ese mismo discurso para el hombre, quien sigue expulsado del estamento del cuidado como lo estamos nosotras del de la autonomía y los sueños, quien no puede en muchos casos ni plantear flexibilidad en su puesto de trabajo sin que esto suponga un duro castigo por haberse atrevido a retar al poder y a la dureza que asocian a su mandato de género. Que cada mujer haga lo que quiera, faltaría más, nadie habrá que discuta eso y si la hay, esa no seré yo, pero no obviemos que cada decisión aparentemente íntima está ligada al contexto cultural desde el que se toma, y que por libre que sea, está regida por las mismas leyes que aquellas que no gozan de esa libertad, y como tales tienen consecuencias, que nos ponen siempre en situación de desventaja, porque quien no tiene poder, tiene miedo. ¿Es feminismo que una mujer se cosifique a sí misma? El feminismo no puede ser solo la libertad de la decisión individual porque entonces el feminismo es lo que cada una quiere, y eso es nada.

No hay *mansión propia* sin dinero propio, de la misma manera que por haber no hay ni una modesta habitación para una. El dinero —generador exclusivo real de independencia, por ser el único medio de intercambio de nuestro actual sistema— es la llave de la libertad de las mujeres. Podemos llenarnos la boca hablando de empoderamiento en abstracto, pero si no hablamos de dinero, de trabajo, de independencia, esto es humo.

Pero el dinero seguimos sin tenerlo nosotras y necesitamos con urgencia hacer que la situación cambie. Las mujeres representan solo el 8 % de los inversores. Imagina, un 92 % de los inversores del mundo son hombres. Hombres. Las mujeres tienen el 71 % de sus activos en efectivo (es decir, no invierten nada para generar riqueza), frente al 60 % de los hombres. Un 11 % menos. Las mujeres, en promedio, se jubilan con dos tercios del dinero que ganan los hombres, o lo que es lo mismo; al jubilarse, los hombres tienen un 33 % más de lo que tenemos nosotras en el bolsillo. Las mujeres tienen un 80 % más de probabilidades de empobrecerse durante la jubilación. Mastica otra vez esta cifra y dime si no te horroriza como me horroriza a mí. Me enfada terriblemente leerlo. ¿Queremos cambiar el mundo? Pues vamos a tener que comprar el cambio, porque puedo asegurarte que no va a ser gratis.

Para generar abundancia necesitamos sanar nuestra relación con el dinero. Si me estás leyendo y pensando que mi discurso liberal no cambiará el sistema en el que vivimos porque los cambios han de venir desde arriba, te diré que estoy parcialmente de acuerdo contigo. Nadie dudará que todo pasa por derrocar al patriarcado, pero es que al patriarcado ha de derrocarlo la gente, que es exactamente lo que tú eres. Somos gente. Cuando hablo de sanar nuestra relación con el dinero me refiero a comprender en profundidad cómo sus significados han sido codificados desde esquemas de lo que tradicionalmente se ha considerado como masculino —poder, éxito, agresividad—, un lugar de dominio donde lo femenino ha sido directamente expulsado. Una mujer que gana más que su marido incomoda al sistema. Una mujer con una holgada situación financiera tiene menos probabilidades de iniciar una relación sentimental y más probabilidades de divorciarse. Lo dicen los datos y no me creo que nadie se sorprenda al leerlo, porque en el fondo todas sabemos de lo que estamos hablando.

Cuidado, porque no es cierto que el dinero prevenga el abuso: la violencia contra las mujeres supone un problema de una complejidad infinitamente mayor, en el que la socialización de género acarrea la primera forma de violencia contra nosotras, enseñándonos a normalizar las conductas abusivas, a nosotras, e incitándolos a desplegarlas con total impunidad, a ellos. Mujeres en todas las situaciones financieras son susceptibles al abuso de los hombres, pero convendrás conmigo en que salir de una situación de riesgo como la violencia dentro del hogar es menos complicado si tienes cómo pagarte, al menos, un mes un piso independiente. A eso es a lo que me refiero cuando digo que la que no tiene poder, tiene miedo. Con dinero, puedes tomar decisiones sin tener que pensar en él. Tan sencillo como eso. Por difíciles que sean esas decisiones y por más complicaciones que pueda haber alrededor de ellas, no tener que pensar en dinero —que, al final, es tener que preocuparse por la pura supervivencia— aligera la situación para que podamos centrarnos en otras cosas. Por difíciles que sigan siendo esas otras cosas.

¿Cómo crear una gran vida entonces? ¿Cómo poner los primeros ladrillos de nuestra *mansión propia* con nuestras propias manos? ¿Cómo trabajar desde nuestro poder personal lo que objetivamente no depende solo de nosotras? Como en capítulos anteriores de este libro, a todo a lo que puedo animarte es a que cojas las riendas de todo aquello que sí depende de ti. Educarnos financieramente, sopesar con cuidado las decisiones laborales, recordarnos la importancia de nuestra habitación propia en el camino a nuestra *mansión* son un buen primer paso. Tomar conciencia de que la socialización de género es, en buena medida, la culpable de tu relación con el dinero es quizá la decisión más importante: nuestra falta de interés por él en relación con el interés que ponen ellos, nuestra incorrecta educación financiera en muchos casos, los adjetivos negativos que le hemos atribuido y que nos alejan de la modestia que se espera de nosotras. Esto podemos comenzar a trabajarlo desde la esfera individual mientras trabajamos juntas por el cambio colectivo.

También es necesario entender que no hay nada sucio ni malo en querer ganar tanto que no te quepa en las manos. Educadas para la segunda posición en el mejor de los casos, la ambición nunca se ha visto en nosotras con buenos ojos. Una mujer que ambiciona demasiado es una mujer avara, que no se contenta con nada, que no valora los pequeños placeres de la vida. Pero ¿a quién le hace daño un pequeño yate, una pequeña *mansión propia*, un pequeño *chateau*, una buena isla con vistas? Ya hemos explicado antes que el éxito puede significar cosas infinitamente diferentes para ti y para otra, y que de ningún modo una cierta cantidad de dinero debe ser tu objetivo principal en la vida (¡o sí!), pero hay que tener cuidado con ser demasiado modestas y olvidar que el dinero es, a hoy en día, la mayor fuente de libertad y de independencia del mundo. Con dinero se compra más salud, más educación, más autonomía, menos miedo. Con dinero accedemos a espacios más exclusivos, nos sentamos en las mesas donde se toman las decisiones, manejamos los hilos de nuestras vidas en mayor medida que cuando no lo tenemos. Con dinero conseguimos lo más importante de todo: dejar de pensar en dinero y hacer más espacio a cuestiones más trascendentales que cómo pagar la luz el mes que viene. Si alguien cree que se puede conseguir el siguiente Nobel de Química sin tener un plato caliente en la mesa es que no vive en el mismo mundo que el resto de los mortales.

¿Recuerdas la pirámide de Maslow? El dinero funciona como una gran catapulta que nos ayuda a ascender escalones arriba y acercarnos con más probabilidades a la parte más alta, la de la autorrealización. Pero cuidado aquí. Me siento con la obligación de aclarar, aunque confiaría en que en el fondo no hiciese falta, que el dinero no lo soluciona todo. Aunque nos proporciona acceso a mejores sistemas de salud, no cura el cáncer ni nos concede la vida eterna. Aunque nos permite procurarnos a nosotras y a los nuestros una mejor educación, tampoco cura la ignorancia ni la necedad. Pero los problemas son menos graves si el fin de semana puedes largarte a tu apartamento de la playa a olvidarte de todo un rato. O si, tras los largos meses de trabajo, puedes irte con tu familia a pasar el verano a Suecia para huir del calor. Los problemas son de otra índole cuando, incluso en la peor de las circunstancias —una muerte, una enfermedad incurable, una pérdida terrible— tu dolor no se ve agravado por no tener con qué pagar la factura de la hipoteca de los siguientes seis meses.

Espero a estas alturas haberte convencido de que la independencia financiera de las mujeres es absolutamente parte de la agenda feminista, y que esto no tiene por qué referirse solo a la capacidad de pagar tus facturas, sino que podemos permitirnos retar nuestro mandato de género y soñar mucho más grande. Que yo me lo merezco, que tú te lo mereces y que el mundo sería otro que el que vemos si más mujeres fueran independientes económicamente. No un mundo más empático, no un mundo más bonito, con más purpurina, más rosa y más arcoíris: un mundo más justo y solo por eso, mejor.

Abundancia como proceso

Nos acercamos al final de este libro y no podemos darlo por acabado sin que interiorices los medios por los que la abundancia puede cultivarse. Hemos hablado de la abundancia como toma de control, como independencia, como conexión y desde otros muchos ángulos, pero quizá este del que vamos a hablar ahora sea uno de los puntos más importantes de todos porque, sin él, los demás no son más que teorización y humo.

Seguro que conoces a alguien que parece tenerlo todo y no hace otra cosa que quejarse. Lo miras y piensas cómo puede no darse cuenta de las bendiciones que tiene. Una casi se cuestiona si, comportándose como lo hacen, se merecen dichas bendiciones.

Tenemos también justo el caso contrario. Aquella persona que sabemos que ha pasado infinitas calamidades, que ha conocido grandes desgracias y que vemos sobreponerse con una actitud que nos resulta envidiable. A pesar del dolor y de los obstáculos que han enfrentado en su historia, estas personas viven en verdadera abundancia; en estado de afecto predominantemente positivo, de satisfacción general, se muestran resilientes y conectadas con su suerte. Su afrontamiento nos hace pensar que disponen de algún arma psicológica mágica que de alguna manera esconden. Y diría que puede ser el caso.

Abundancia como agradecimiento

La palabra gratitud se deriva de la palabra latina *gratia*, que significa gracia o gentileza. Una definición práctica podría ser la siguiente: apreciación de lo que es valioso y significativo para una misma, un estado general de agradecimiento y aprecio. A través de la gratitud las personas nos conectamos con algo más grande que nosotras mismas, sea con otros individuos, con el universo, con Dios, con la naturaleza o con un poder superior. Gratitud es agradecer lo que se recibe y de lo que se dispone, ya sea tangible o intangible. A través de ella, las personas reconocemos aquello bueno que la vida nos regala y es en ese proceso que solemos caer en la cuenta de que el origen de esa bondad se encuentra, al menos en parte, fuera de nosotras mismas.

Los profesionales de la salud mental y el bienestar han dedicado tradicionalmente mucho tiempo a encontrar respuestas sobre cómo ayudar a sus clientes a encontrarse significativamente mejor en el más corto de los espacios de tiempo. Una cantidad pasmosa de evidencia acumulada en los últimos años sugiere que la práctica del agradecimiento consigue lo que no logramos por otros medios; movilizar mucho y rápido y que, además, sus efectos duren. Muchos estudios realizados durante la última década han concluido que las personas que practican la gratitud con intención y consistencia tienden a ser más felices y a sentirse menos deprimidas.

La gratitud se asocia fuertemente con una mayor felicidad, y ayuda a las personas a sentir emociones más positivas, disfrutar más de las cosas buenas de la vida, a tener buenas experiencias, mejorar su salud, lidiar con la adversidad y construir relaciones sólidas.

Las personas expresamos gratitud de maneras muy diferentes. A veces, miramos atrás, recuperamos buenos recuerdos y bendecimos nuestro pasado con una sensación de bienestar; otras, nos centramos en el momento presente y nos esforzamos en no dar por sentado todo lo que nos está trayendo la vida, mientras conectamos con sinceridad con nuestra suerte y, a veces, miramos al futuro con un optimismo razonable y esperanza, sintiéndonos agradecidas por las maravillas que nos trajo, nos trae y nos podría traer la vida.

Los doctores Robert A. Emmons, de la Universidad de California (Davis) y Michael E. McCullough, de la Universidad de Miami, han realizado numerosos estudios sobre la gratitud, con conclusiones ciertamente interesantes. En uno en particular, pidieron a los participantes que escribieran cada semana ciertas frases enfocadas a temas muy concretos. Mientras a los participantes de un grupo se les pidió que relatasen cosas que habían ocurrido durante la semana por las que daban gracias, a los del otro grupo se les pidió que escribieran justo sobre lo contrario; las irritaciones diarias, aquellas cosas que les molestaban y le hacían sentirse estresados y enfadados en su día a día.

El resultado es probablemente poco sorprendente: tras diez semanas, aquellos que habían puesto la atención en todo aquello que agradecían fueron más optimistas y se sintieron mejor con sus vidas. Lo que quizá sí resulte más asombroso es que también estas personas hicieron más ejercicio y fueron menos al médico. ¿No es curioso? Poner el foco en lo positivo, sin que implique negar aquello que no está bien, nos hace sentir generalmente mejor.

Como siempre, hay que tener cuidado con pedir a alguien que practique el agradecimiento en un momento en el que no conviene ponerlo sobre la mesa. Instar a alguien en situación de trauma a mirar el lado bueno de la vida puede ser cínico e insensible, por más que lo hayamos traído a colación con la mejor de las intenciones. Miremos el agradecimiento desde el prisma de la posibilidad y abstengámonos de practicarlo como un mandamiento más. Lo último que querríamos es que estos descubrimientos de potencial tan interesante para nuestras vidas se conviertan en una obligación más de sonreír, en otra soga de felicidad forzosa, en una forma de ocultamiento de nuestras verdaderas emociones. Eso no es agradecimiento, no confundamos términos y volvamos a ponernos la soga al cuello.

Algo también interesante es que, aunque la mayoría de los estudios sobre gratitud han sido conducidos con sujetos que no declaraban ninguna dificultad alrededor del manejo de su propia salud mental, nuevas investigaciones apuntan a que también aquellos que sufren ansiedad, depresión u otras dificultades podrían encontrar en el agradecimiento no solo un alivio, sino una maravillosa herramienta para el manejo de sus propios síntomas.

La gratitud es la conciencia de las cosas buenas que suceden en tu vida y es importante que la entendamos como lo que es; por un lado, una emoción fugaz y, por otro, una suerte de rasgo estable. Así, puedes ser una persona agradecida o experimentar un momento de agradecimiento, porque lo fundamental es que la gratitud se puede cultivar. La Organización Mundial de la Salud (OMS) define la salud no solo como la ausencia de enfermedad sino como un estado de completo bienestar físico, mental y social. La gratitud es uno de los conceptos más comúnmente asociados con el bienestar desde el punto de vista empírico. A pesar de ello, rara vez utilizamos el concepto, posiblemente por la falta de difusión de sus bases científicas y posibles aplicaciones clínicas.

Pero la gratitud tiene consecuencias cuantificables y observables, y encontramos sus bases en el cuerpo en forma de más dopamina, oxitocina y serotonina. A menudo, hablamos de la serotonina como el químico de la felicidad porque contribuye a la general sensación de bienestar, estabiliza nuestro estado de ánimo y además nos ayuda a sentirnos más relajadas. La dopamina, por otro lado, es un neurotransmisor que juega un papel crucial en muchas funciones vitales, incluidos el placer, la recompensa, la motivación, la atención e incluso los movimientos corporales. Por último, la oxitocina, a la que todas conocemos como la hormona del amor, desarrolla una función vital en la vinculación social, la sexualidad y el establecimiento del apego con otros seres humanos.

La gratitud también actúa aumentando la actividad del lóbulo prefrontal medial, la zona del cerebro más asociada a la toma de decisiones. En un estudio reciente, también se demostró que practicar gratitud activa la corteza prefrontal ventromedial, asociada con lo que los investigadores describen como altruismo neuronal puro, que básicamente significa que el cerebro disfruta de la experiencia de dar. ¿No es curioso? El agradecimiento nos hace tener más ganas de compartir, por lo que cuando sentimos que el mundo es mejor, queremos contribuir a que mejore todavía más.

Así que dar gracias por lo que tenemos, definitivamente, mejora nuestra sensación de abundancia, al obligarnos a reconocer aquello que funciona bien y a poner la atención en lo positivo. Pero ¿qué pasa cuando nos inunda la sensación de falta de merecimiento?, ¿cuando vemos la abundancia fuera, atisbamos la posibilidad y la fortuna de otros y otras, pero no creemos que nosotras podamos beber de esa fuente? En multitud de ocasiones, a las mujeres se nos dicen cosas como «cuida de ti misma para poder cuidar a los otros». Pero ¿y si cuidamos de nosotras solo porque merecemos hacerlo? Porque somos personas que merecen atención y cariño y, también, abundancia. Porque cumplir sueños también podría ser algo que tuviésemos en nuestra mano y no solo en la de las otras. Porque, aunque hayamos sufrido situaciones complicadas y por nuestro pasado podríamos pensar que este es el fin de nuestra historia, ya hemos visto más atrás en este libro que bien podría no serlo. A partir de esta premisa, podríamos aprender a decir sí a todo lo bueno, y no solo para poder darlo a otros —que ojo, no diré yo que no es también genial—, sino simplemente porque nos lo merecemos. No olvidemos también que no hay abundancia sin sentido de merecimiento, porque sin él nos encontramos inmersas en la permanente sensación de que cualquiera que sea la bondad que hemos atraído a nuestra vida se debe en cada caso a un accidente y de ningún modo podemos sostenerla. ¿Cómo sentirnos plenas, abundantes, satisfechas si atribuimos cualquier dicha a la casualidad y, por tanto, todo lo que tenemos en la vida bien podría esfumarse en cualquier momento? Para que te pasen buenas cosas es primordial creer que eso es para ti y, una vez que estén en tu campo de visión, tener la capacidad de ver que ya lo tienes en las manos.

Y con este razonamiento, vamos cerrando. Espero haberte convencido de la importancia de conservar la capacidad de maravillarse, de vivir con ojos de niña; de la alucinante fuente de satisfacción vital que hay en la actitud del agradecimiento como proceso, como práctica diaria de una vida plena y con sentido.

Abundancia como modo de vida

No me gustaría acabar *Abundancia femenina* sin hablar de la abundancia como día a día, como rutina, como modo de vida. Todos los aspectos que hasta aquí hemos ido desgranando dependen de la línea de la correcta mentalidad de crecimiento. Sin entender que las respuestas que buscas están en ti, que los recursos emocionales y cognitivos de los que tienes que echar mano están todos en tu interior y no se agotan, no hay siquiera opción a un pequeño cuartillo propio, qué mansiones ni castillos. Vivir con mentalidad de científica, casi como un juego, con disposición de apertura y curiosidad, recordando que aquello que no has conseguido no lo has logrado *todavía*, pero que nadie puede asegurarte que eso no esté en tu mano y no lo vaya a estar por siempre jamás, es a lo que aspiramos.

Se trata de vivir la abundancia como un proceso y recordar, como dijimos, que la vida es camino y no meta. Por tanto, perseguirla sin creer que un día lo tendremos al fin todo, sabiendo que la vida es difícil, trabajosa, que cuando conseguimos algo que anhelábamos, pronto perdemos algo que habíamos dado por sentado y que así está bien, que en ese devenir se nos van los días y que hay posibilidad de maravillarse y de parar a dar gracias durante esa sucesión de momentos. Y es importante acabar este libro de esta manera porque aquí solo empieza una nueva página de tu historia y sabemos que habrá tramas con más o menos gusto, que algunos personajes vendrán a funcionar como antagonistas, algunas subtramas a ensuciar lo que queríamos que fuera la trama principal. Pero mi ilusión es que ahora cuentes con un nuevo puñado de reflexiones, que integres y encajes con las que ya tenías, sabiendo que buena parte de esta masticación se produce desde el ruedo, porque la vida no se solventa en la mente, no se remedia leyendo o pensando más intensamente. Con la vida se lidia desde el terreno, manchándonos las manos en el barro, equivocándonos, tomando decisiones de las que luego nos arrepentimos —pero cuánto aprendemos—, parándonos en mitad del sendero, pese a las incesantes prisas, a oler las flores. La vida es abundante por definición y abrirnos a esa abundancia —creer que la merecemos, tratar de imaginarla y trazar un plan que nos ponga en dirección a ella— no se parece nada a la apertura de un grifo que, una vez abierto, deja fluir por siempre una corriente limpia. Vivir en la abundancia es un proceso.

Decir no a relaciones que no funcionan, decir sí a perseguir sueños; cuidar de tu cuerpo y tu mente como si solo tuvieras uno propio, porque solo tienes uno —dormir bien, comer mejor, jugar cada día y moverte como debes—, vivir la vida con la muerte en la mesa, consciente de que no tienes tiempo para siempre. Eso es abundancia; eso es vivir una vida tan grande como la que mereces.

Tu mansión propia

Redacto este capítulo en el salón de mi casa en Málaga. Vivo en la parte alta de una colina, sobre un vasto campo de golf que se hunde bajo la majestuosidad del cielo andaluz. Reina el silencio en casa —un bien codiciado desde que me convertí en madre— y solo se escuchan mis dedos acariciando el teclado. Lo hacen con cuidado; parece que también ellos entiendan la solemnidad que merece acabar este viaje como se debe. Por encima de los bordes de la pantalla veo la inmensidad del mar azul cortando el horizonte en una línea recta. Es noviembre y ha caído una gran tormenta, de esas que aquí solo tenemos el privilegio de presenciar una o dos veces al año, y justo en este preciso instante, cuando por fin la lluvia y el viento han amainado, veo cómo atraviesa desde el cielo al agua un gran halo de luz gigante que se abre paso entre la preñez de las nubes negras. Pienso que esta agua me une de algún extraño modo a la María de no hace tanto, en Londres. La lluvia para mí siempre serán mis siete años allí. Hoy me sorprendo al saber que solo hace tres desde que redactaba el último capítulo de *Feminismo terapéutico* y solo me sale decir esto: menudo viaje.

Desde mi minúsculo piso de aquel entonces, yo había dado, durante su redacción, con un puñado de las que me parecían grandes verdades. Verdades que me han seguido acompañando y que, por fortuna, también lo han hecho desde entonces a otras tantas miles de mujeres. Quizá el cambio de contexto, y la ascensión privilegiada y en algunos casos natural de mi vida, me han empujado a querer escribir este libro ahora, en el que no solo hablo de soñar con tener una gran vida, sino en el que te animo a diseñar la mejor que puedas imaginar y a la que puedas acceder. Para mí es fácil creerlo como lo creo, porque la historia siempre la cuentan los vencedores y, aunque no soy la directora general de una gran corporación ni me ha tocado la bonoloto, mi vida es bastante perfecta: se parece increíblemente a la vida que soñé y diseñé. Así que me siento vencedora, bien consciente de mi propia suerte, pero espero que eso no ensucie, sino que subraye, lo que te trajo aquí. Al fin y al cabo, este libro no va sobre lo que yo escribo, sino sobre lo que tú lees: lo que importa es qué vas a hacer tú con todo lo que has masticado en todas estas líneas.

Cuando me surgió la idea de *Abundancia femenina*, pensé que habría alguien más a quien le interesara aprender lo que he condensado en él. Que quizá había otras mujeres a las que, como a mí, les aburría el lenguaje estúpido de la abundancia, el mensaje liberal y casi mágico de la mente todopoderosa, a las que les chirriase como me chirriaba a mí que nadie, al lanzar este tipo de discursos, revisase privilegios, pero que también quisiese más y mejor, también creyese que mucho está en nuestra mano y estuviese dispuesta a poner la piel para intentarlo. Que sintiese que quizá había bastante que pudiésemos controlar y que ese bastante fuese, en muchos casos, más que suficiente. Que aunque no pudiésemos controlar la vida y no tuviésemos varitas mágicas para blindarnos ante las desgracias que pueden acecharnos tras cualquier esquina, con esfuerzo, tesón, ilusión y entusiasmo, en muchos casos y en algunos lugares del mundo, podíamos llegar muy lejos. Que tal vez, como yo, había otras mujeres que sintiesen la urgencia de la finitud de la vida y para las que, como para mí, tuviese sentido hablar de exprimirla al máximo. Que creyesen en el lenguaje poco romántico del trabajo duro y que estuviesen dispuestas a dejarse parte del hígado en el proceso.

Yo quería hablar de sueños y he terminado hablando de fuerza de voluntad, de perseverancia, de planificación, de foco, pero, bien visto, esa es justo la materia de la que están constituidos los más ambiciosos sueños. No de grandes y llamativos titulares en los periódicos, sino de muchas mañanas de frío sobre un teclado a las cinco de la mañana, de renunciar muchos fines de semana a salir un rato. Los sueños no se *cumplen*, los sueños se madrugan, se pelean, se persiguen.

Pero también hemos hablado de lo que hacía falta cuando tratamos la cuestión de género: ambición, conformación del universo de posibilidades, imaginación y miedos, brechas y muros y suelos pegajosos, y todo lo que ya sabemos que nos hunde un poco más. Teníamos que hablar de por qué no solo nos es más difícil acceder a determinados espacios, sino de por qué tampoco, y en ocasiones, pensamos siquiera en si querríamos hacerlo. Y esto era fundamental, ya que si no parábamos a pensar qué es para nosotras una gran vida, la existencia tan buena que podríamos tener, ¿cómo íbamos a poner todo lo que habría que poner hasta conseguirla?

Hemos recalcado mucho que no vamos a solucionar esto desde la esfera individual, necesitamos derrocar al patriarcado, pero a este no lo derrota el presidente: lo hacemos entre todas y entre todos. Y mientras eso ocurre, mientras nos seguimos partiendo la cara para que las políticas de igualdad cambien, porque se deje de malentender la conciliación, para que se incluyan como se debe suficientes referentes mujeres para los niños y las niñas en las aulas, nosotras tenemos que hacer lo que se pueda desde la intimidad de nuestras alcobas por ver a más mujeres tomando decisiones. No sé cuál puede ser tu contribución, entiendo que esa reflexión solo puedes hacerla desde la especificidad de tu propia historia, pero quiero que sepas que también aquí tienes una parte. En mi caso, este libro, mi trabajo, mi profesión son mi manera particular de dejar atrás un mundo más acorde con lo que yo creo que es de justicia: un mundo con más mujeres que vivan en la abundancia. Mi ilusión es caminar hombro con hombro junto a muchas otras mujeres que puedan y estén dispuestas a dar un paso adelante. Las habrá que no puedan y también siento que ellas son responsabilidad nuestra; nos debemos a los programas de desarrollo, a la visibilización, a la ayuda. Nos debemos avanzar por las que no pueden hacerlo. Más mujeres con poder y retando mandatos de género no suponen una ruptura solo para ellas mismas, sino para todo el sistema, para todo el orden establecido. Ya tuvimos tiempo de ver cómo funciona la teoría del rol social y cómo esta se enmarca en la conformación del imaginario colectivo. Así, más mujeres en las mesas donde se toman decisiones hará que haya cada vez más mujeres en las mesas donde se toman las decisiones, porque nos comenzará a parecer probable y posible, así de simple. Y cuanto más ocurra eso, cuantas más mujeres independientes haya en el mundo, cuantas más mujeres vivan su propia abundancia y la compartan con el mundo, más rica será la fuente de la abundancia de la que beban las niñas del futuro. Porque la verán con más claridad, la percibirán como propia, tendrán menos obstáculos para acercarse a sus aguas y tendrán que luchar menos para bañarse en ellas. Luchar menos de lo que, hoy por hoy, tenemos nosotras que luchar.

Comencé este libro dedicándoselo a mi hijo Santiago y, para ello, usé unas líneas que resumían una conversación con Linda, la fundadora de MOSAC (Mothers of Sexually Abused Children). Cuando Linda supo que estaba embarazada, me dijo que tener un varón era una gran responsabilidad. Lo supe entonces y lo sigo pensando ahora: no basta con que eduquemos a las niñas y les digamos que pueden aspirar a más. La igualdad es una lucha a la que hombres y mujeres nos debemos, porque de todos y todas depende una sociedad más justa. Para ellas y también para ellos, porque, como colectivo, como unidad, nos merecemos más. Nos merecemos hacernos responsables de lo nuestro y también de lo de los otros, creer y crear más, por nosotras y por los niños y las niñas que vendrán después, pero también por las que estamos aquí ahora. También nosotras deseamos más abundancia.

Nos merecemos conquistar mucho más que una pequeña habitación.

Nos merecemos *Abundancia femenina*.

Agradecimientos

Mis primeros dos años de maternidad se unieron a una pandemia, a una mudanza internacional y a un emprendimiento que casi me entierra de éxito. Con una maravillosa carga de trabajo con la que nunca había soñado y un bebé de veinte meses, el alma me pidió con una fuerza resucitada encerrarme a escribir este libro que tienes entre manos.

Lo que parecía un imposible en situación tal no lo fue, gracias al grupo que creé con mis primeras treinta y cuatro compañeras del Nanowrimo, en Telegram (National Novel Writing Month) y que, más tarde, evolucionó a nuestro club *Mujeres que escriben*, en Telegram y en Clubhouse, al que ya se han sumado docenas de mujeres, y cada día lo hacen más. Unirme a ellas en nuestro empeño de escribir juntas y de superar los obstáculos que nos impone la vida a una cierta edad fue la decisión más inteligente que pude haber tomado por mí misma aquel noviembre de 2020. Así que mi primer gracias va para mis compañeras de grupo.

Gracias también a mis sobrinos, Neil y Oliver, que decidieron hacer su primer NaNoWriMo conmigo durante ese mes y que con sus escasos siete y cinco años no faltaron ni un día a su cita con la escritura. Sueño con que en algunos años se nos una Santiago y tengamos una pandilla alucinante cada noviembre.

Gracias a Beatriz Sebastián, del instituto MICPSY, mi psicoterapeuta, que me acompañó durante los meses de la pandemia y se aseguró de apretar bien los tornillos que andaban medio sueltos para que este libro y mi vida, en general, llegaran a buen término.

Gracias a Celi por su inestimable ayuda, ya que conoce los bastidores de mi negocio mejor que yo y ha sido gracias a ella que he podido, tras mucho, tener espacio mental para sentarme a hacer lo que mejor sé y lo que más me gusta en este mundo, que es escribir.

Gracias a mis hermanos por estar siempre ahí. Son un regalo que no quiero dar nunca por sentado.

Gracias a mi padre y a mi madre, cuyo empeño porque yo cultivase una vida abundante no tiene parangón.

Mamá, tus «nunca dependas de nadie» están en cada línea de estas páginas porque son el mantra en el que recojo toda mi ambición. Gracias por convertirme en una mujer fuerte, por enseñarme a levantarme, por recordarme siempre que no todo está en mi mano y hay quien no puede en muchos casos por más que lo intente. Gracias por darme alas y cabeza para que nunca despegue del todo mis pies del suelo.

Papá, alguna vez me han dicho que parece que nunca dudo de mí, lo cual por supuesto que no es cierto, pero eso te lo debo todo a ti. Siempre me hiciste creer que llegaría a donde quisiese y, hoy por hoy, así lo sigo sintiendo. Eres la puerta principal de mi *mansión propia* y ojalá estuvieses aún con nosotros. Te echo de menos cada día.

Gracias a Marina, mi compañera de sueños, que es casi más que decir que es mi gemela astral. Que me recuerda mi *Faro* cada lunes durante nuestro compromiso de los Storytelling Mondays (*Wednesdays, Fridays, who cares!* …) y que me obliga a no salirme del camino por más que, a veces, lo intento.

Gracias siempre a mi marido y a mi hijo, que entendieron, cada uno a su modo y con la buena disposición que a ambos caracteriza, que *una mujer necesita dinero y una mansión propia para escribir*, y que me procuraron los ánimos, el espacio, las recompensas y el amor que necesité durante aquellas semanas de entrega absoluta y los meses que vinieron después de reescritura y edición. Sois lo más bonito de mi vida. Con vosotros me siento la mujer con más abundancia del universo.

Y, por último, gracias a ti por llegar hasta esta línea y por darte la oportunidad de creer que mereces una vida abundante y una mansión propia. Te diré que yo también creo en ella. De hecho, si me pongo un poco de puntillas y miro en tu dirección, casi la veo desde aquí.

Nota sobre la autora

María Fornet es escritora y psicóloga especializada en Coaching Psychology y en Psicología Narrativa. Además, es autora de *Abundancia femenina*, la continuación natural de *Feminismo terapéutico*, así como de las novelas *Las mujeres de la familia Medina* y *Azul capitana*; y la mente creativa detrás del Universo Santaurora, una saga que exploran las intrigas domésticas desde un enfoque de género, fusionando el thriller con la perspectiva feminista. Además, es conferenciante e imparte charlas sobre empoderamiento personal con perspectiva de género y participa en encuentros con lectoras de sus ensayos y novelas.

A través de su programa de psicoeducación, *El Faro: Guía para trazar un Plan de vida*, ha brindado a cientos de alumnas la oportunidad de encontrar respuestas sobre quiénes son y, dado el caso, sobre quiénes querrían ser.

Si quieres saber más sobre ella, puedes seguirla en:
@maria.fornet en Instagram y suscribirte a su boletín
en www.mariafornet.com, desde donde mantiene
un frecuente contacto con su comunidad de lectoras,
que se cuentan por miles.

Si te ha gustado este libro,
te recomendamos la continuación de la autora:
Feminismo terapéutico publicado también en Urano.